中国循环经济政策体系研究报告

谢海燕 著

知识产权出版社

内容提要

本书是关于我国循环经济政策体系的研究报告，由1个主报告、3个分报告、4个调研报告和2个附录构成。本书既有理论探索，也有实践调研，还有相关法律法规与政策的梳理，系统而全面地反映了我国循环经济政策的现状与问题，并提出了构建与完善我国循环经济政策体系的对策建议。

责任编辑： 刘 睿　　**责任校对：** 韩秀天

特约编辑： 刘永红　　**责任出版：** 卢运霞

图书在版编目（CIP）数据

中国循环经济政策体系研究报告/谢海燕著. —北京：知识产权出版社，2010

ISBN 978-7-5130-0023-9

Ⅰ.①中…　Ⅱ.①谢…　Ⅲ.①自然资源—资源利用—经济政策—研究报告—中国　Ⅳ.①F124.5

中国版本图书馆CIP数据核字（2010）第094139号

中国循环经济政策体系研究报告

谢海燕　著

出版发行：知识产权出版社

社　　址：北京市海淀区马甸南村1号	邮　　编：100088
网　　址：http://www.ipph.cn	邮　　箱：bjb@cnipr.com
发行电话：010－82000860转8101/8102	传　　真：010－82005070/82000893
责编电话：010－82000860转8113	责编邮箱：liurui@cnipr.com
印　　刷：知识产权出版社电子制印中心	经　　销：新华书店及相关销售网点
开　　本：880mm×1230mm　1/32	印　　张：8.5
版　　次：2010年6月第1版	印　　次：2010年6月第1次印刷
字　　数：215千字	定　　价：22.00元

ISBN 978-7-5130-0023-9/F·342（2967）

前　言

自20世纪90年代中后期循环经济的概念和思想引入我国以来，循环经济在我国得到了蓬勃发展。2005年，国务院发布《国务院关于加快发展循环经济的若干意见》（国发［2005］22号），成为当时我国发展循环经济的纲领性文件。同年，经国务院批准，由国家发展改革委等六部委在全国范围内开展了国家第一批循环经济试点，2008年启动了国家第二批循环经济试点工作，在重点行业、重点领域、部分产业园区、部分省市积极探索循环经济的实践形式。2009年1月1日，《中华人民共和国循环经济促进法》正式施行，标志着我国循环经济发展步入法制化轨道。

近年来，我国循环经济试点工作取得了显著成效，各地勇于探索与创新，涌现了一批先进典型。但从我们进行循环经济理论与政策研究以及在全国各地调研的情况来看，本人深刻体会到当前促进循环经济发展的政策已严重滞后于实践，各地根据自身实际出台了一部分政策，但仍然不能解决循环经济实践中所遇到的难题，一方面，许多地方政府、企业呼吁国家应早日出台系统的循环经济政策，规范、引导循环经济发展。另一方面，自循环经济理念引入我国以来，学术界就开始关注宏观经济政策对于促进循环经济发展的作用，大部分关注于促进循环经济发展的某项政策，如财税、价格等，较少从整个政策体系的角度来全面考虑，未能对现有与循环经济相关的宏观经济政策进行评估。为此，本人所在的国家发展改革委经济体制与管理研究所循环经济体制研究室酝酿在全面梳理我国循环经济相关政策的基础上，提出构建我国循环经济政策体系的对策建议。

恰逢2007年年初，我所领导决定在全所范围内展开“青年人才成长计划”，旨在培养40岁以下青年科研工作者，促进我所可持续发展。为了保证计划的顺利展开，要求青年人才项目申请者必须确定专业定向，提交青年人才成长书，为期三年；并由申请者聘请一名本所高级专业技术研究人员作为自己的成长顾问，负责进行学术指导。本人的成长顾问——我所循环经济体制研究室主任杨春平先生建议我进行循环经济政策体系的研究。围绕该课题，本人按计划完成了三年的研究内容，2009年度研究报告“反映环境成本的资源性产品定价机制研究”获得了所二等奖。在这期间，本人还参与了国务院西部办委托的“西部地区特色优势产业节能减排问题研究”课题、国家发展改革委环资司委托的“天津经济技术开发区发展循环经济经验调研”课题、国家发展改革委宏观经济研究院2009年度重点课题“影响我国资源性产品价格形成的体制机制问题研究”，正在参与国家发展改革委环资司委托的“循环经济政策框架体系研究”课题、国家发展改革委和科技部共同组织的“中国循环经济发展模式的系统评价与决策支持技术研究”课题，还参与了地方政府、企业委托的多项课题。依托这些课题，本人参加了许多重要会议，到各地进行实地调研，收集了大量一手资料，吸收了专家、学者、地方政府官员、企业负责人的众多建议，为本书的形成奠定了基础。

本书分为三大部分。第一部分“主报告：中国循环经济政策体系研究”是对第二部分、第三部分的提炼与升华，本书的主要观点均体现在主报告中。第二部分是三个分报告，分报告一对循环经济政策现状进行评价；分报告二提出构建循环经济政策体系的具体建议；分报告三选取循环经济政策体系中较为重要的方面，即资源性产品价格改革作为一个专题，进行深入研究。第三部分是四个调研报告，选取了国家循环经济试点单位中的典型区域（青海柴达木地区）、典型园区（天津经济技术开发区）、重点行业（电力行业），以及鄱阳湖生态经济区（其规划已于2009年12月12日获国务院批准）进行实地调研，了解其发展循环经济的主要做法、存在的困难及政策需求，为主报告的形成提供案例支持。

由于国内学术研究文献标注尚不完善，本报告参考和引用的某些观点已无法找到最初的出处与作者，在此表示歉意及衷心感谢。同时，由于本人水平有限及资料的缺陷，本报告肯定存在一些错误和不足之处，恳请广大读者批评指正。

谢海燕

2010年2月3日

目 录

主　报　告

中国循环经济政策体系研究

循环经济理念自20世纪90年代中期引入我国后，得到了迅速发展，发展循环经济已成为我国的一项重大发展战略。党的“十七大”报告明确提出要建设生态文明，循环经济形成较大规模。虽然我国自改革开放以来就出台了许多促进资源节约、提高资源利用效率及资源循环利用的政策，但总体看来这些政策已严重滞后于我国发展循环经济的实践，因此迫切需要从循环经济的减量化、再利用、资源化角度考虑，建立涉及财税、价格、信贷、进出口、产业、技术等全方位的宏观经济政策体系，引导和规范我国循环经济的进一步发展。

一、循环经济的基本内涵及建立循环经济政策体系的必要性

随着循环经济试点工作的展开，全国各地掀起了发展循环经济的高潮，在实践中摸索出了许多好的做法，积累了不少经验。部分地方出台了一些促进循环经济发展的政策措施，但要求国家出台一整套循环经济政策体系、系统协调推进循环经济发展的呼声日益高涨。因此，建立健全我国循环经济政策体系已迫在眉睫。

（一）循环经济的基本内涵

1. 循环经济的定义

关于循环经济的内涵，国内学术界争论很多，尚未达成一致意见。目前国内对循环经济的定义至少有十几种，其中比较有代表性的有如下3种观点。

第一种：原国家发展改革委主任马凯认为："循环经济是一种以资源的高效利用和循环利用为核心，以'减量化、再利用、资源化'为原则，以低消耗、低排放、高效率为基本特征，符合可持续发展理念的经济增长模式，是对'大量生产、大量消费、大量废弃'的传统增长模式的根本变革。"

第二种：《中华人民共和国循环经济促进法》（以下简称《循环经济促进法》）对循环经济的定义是："指在生产、流通和消费等过程中进行的减量化、再利用、资源化活动的总称。""减量化"是"指在生产、流通和消费等过程中减少资源消耗和废物产生"。"再利用"是"指将废物直接作为产品或者经修复、翻新、再制造后继续作为产品使用，或者将废物的全部或者部分作为其他产品的部件予以使用"。"资源化"是"指将废物直接作为原料进行利用或者对废物进行再生利用"。

第三种：部分学者认为循环经济是把清洁生产和废弃物的综合利用融为一体的经济，本质上是一种生态经济，它要求运用生态学规律来指导人类社会的经济活动。[1] 也有学者认为循环经济同时遵循生态学规律和经济学规律。[2]

这些定义从不同的侧面阐述了循环经济的内涵，主要的争论

---

[1] 陈勇鸣："循环经济与城市生活垃圾处置"，载《上海企业》2005年第3期，第26页。

[2] 周宏春、刘燕华等：《循环经济学》，中国发展出版社2005年版。

点在于循环经济是遵循生态规律还是经济规律，循环经济是一种新的经济增长模式还是环境管理的新手段，循环经济与环境保护的关系是什么？目前，大部分学者认为循环经济是一种新的增长模式，遵循经济规律，同时发展循环经济能减少污染物排放，从而保护环境。

马凯对于循环经济的定义，强调循环经济是一种新的经济增长模式，而《循环经济促进法》对于循环经济的定义通俗易懂，便于在实践中操作。二者均强调循环经济的“减量化、再利用、资源化”（3R）原则，但3R原则在循环经济中的重要性并不是并列的。由于我国正处于工业化中期，生产方式粗放，资源能源利用效率低，废弃物产生量大且污染严重，所以我国发展循环经济的重点在于减少生产活动过程中对资源能源的消耗，提高资源能源利用率，减少废弃物的产生。也就是说，我国发展循环经济首先要“减量化”，在“减量化”的基础上再进行“再利用”“资源化”。本报告认为马凯对循环经济的定义较为贴切地反映了循环经济的本质和我国的国情，因此本报告将以该定义为指导，并结合《循环经济促进法》对循环经济的定义，对我国与循环经济发展相关的现行政策进行梳理与分析。

2. 循环经济与环境保护、资源综合利用、清洁生产的关系

循环经济与环境保护、资源综合利用、清洁生产等既相互联系，又相互区别。

第一，循环经济与环境保护的关系。循环经济的减量化原则，本身包含了输入端的资源消耗减量化和输出端的废弃物排放减量化两层含义，因此发展循环经济的客观效果或者说目的之一是环境保护，但是发展循环经济并不能替代环境污染治理。

第二，循环经济与资源综合利用和废旧物资回收的关系。废物的再利用、再循环是发展循环经济的重要内容，资源综合利用和废旧物资回收属于循环经济范畴，但传统意义上的资源综合利

用和废旧物资回收侧重于生产领域，而循环经济的范围已从生产领域扩展到生活领域。

第三，循环经济与清洁生产的关系。清洁生产与循环经济概念关联较大，一般认为清洁生产是企业层面循环经济的主要实现形式，但二者仍然存在明显区别。首先，清洁生产主要在单个企业内部实行，循环经济则拓展到了企业之间、工业聚集区和社会层面；其次，清洁生产注重污染物的减排，而发展循环经济同时还关注企业的经济效益；最后，清洁生产侧重于技术，而循环经济侧重于整个生产活动的分析。

由此可见，资源综合利用、清洁生产均属于循环经济的范畴，是发展循环经济的重要方面。而环境保护是发展循环经济的一种客观效果，且发展循环经济必须以满足国家有关环境保护标准为前提，并不能替代环境保护。

3. 循环经济与传统线性经济的区别

传统经济是一种由“资源→产品→污染排放”单向流动的线性经济；循环经济则是“资源→产品→再生资源”的反馈式流程，所有的物质和能源在这个不断进行的经济循环中得到合理和持久的利用，以把经济活动对自然环境的影响降到最低。

与传统的线性经济相比，循环经济具有以下特点：(1) 非线性。循环经济将传统的线性开环式经济系统转变为非线性闭环式经济系统，改变了传统的思维方式、生产方式和生活方式。要求综合考虑经济效益、社会效益和生态环境效益，节约资源，保护环境，促进经济、社会和自然的良性循环和可持续发展。(2) 环境友好性。循环经济是以物质在经济系统中的循环为基础的，故资源利用效率高，排放到环境中的废物最小。(3) 服务优先性。循环经济是功能型经济，而不是数量型经济，从生产优先到服务优先，要求生产和消费的“减物质化”，就是指在生产和消费过程，尽量减少对物质的消耗，特别减少对自然资源的消耗。(4)

整体最优性。循环经济强调经济系统整体的最优，而不是强调单个经济链条的最清洁和最高效。

（二）建立健全我国循环经济政策体系的必要性

1. 我国面临严峻的资源环境形势

我国资源消耗量高、利用率低、环境污染严重，经济增长方式粗放，突出表现为“高投入、高消耗、高排放、难循环、低效率”，资源环境问题已成为制约经济发展的瓶颈。

第一，资源总量大，但人均资源占有量小。按储量计算，我国矿产资源量居世界第三，可开发利用的水资源居世界第一，森林面积居世界第四，国土面积居世界第三。但是，我国矿产、水资源、森林、耕地、草地、石油、天然气的人均占有量分别不足世界平均水平的50%、28%、14%、32%、32%、12%、5%。

第二，资源消耗量高，资源利用效率低。2006 年，我国经济增长 10.7%，已经连续四年经济增长保持在 10%以上，按现行汇率计算，我国 GDP 总量大约占世界 GDP 总量的 5.5%。但是，能源消耗达到了 24.6 亿吨标准煤，占世界能源消耗的 15%左右；钢铁表观消费量为 3.88 亿吨，占 30%；水泥消耗 12.4 亿吨，占 54%。即使考虑汇率因素，中国能源、资源的产出效率与发达国家相比也较低。[1]

第三，环境污染和生态破坏问题日益严重。“十一五”以来，全国各地狠抓节能减排工作，取得了一定成效。根据《2008 年全国环境统计公报》和《2008 年中国环境状况公报》，与 2005 年相比，2008 年全国化学需氧量排放量和二氧化硫排放量分别

[1] 马凯：“转变经济增长方式 实现又好又快发展——在中国发展高层论坛 2007 年会上的演讲”，http：//www.sdpc.gov.cn/ldjh/t20070319 _ 121938.htm，2007 年 3 月 18 日最后访问。

下降6.61%和8.95%，继续保持了双下降的良好态势。但总的看来，我国污染物排放总量和排放强度依然很大，面临的环境形势仍十分严峻。2008年，全国地表水污染依然严重，七大水系水质总体为中度污染，湖泊富营养化问题突出，近岸海域水质总体为轻度污染；农村环境问题日益突出，生活污染加剧，面源污染加重，工矿污染凸显，饮水安全存在隐患，呈现出污染从城市向农村转移的态势。同时，我国生态环境恶化的总体趋势还没有得到有效遏制，植被破坏、水土流失、土地沙化、生物多样性减少与丧失、土壤污染威胁农产品安全等问题越来越严重，致使一些生态环境脆弱地区陷于人畜无饮水、草木难生长的境地。

第四，由资源环境问题所带来的国际压力越来越大。一方面，近年来由于国内矿产资源消费大幅度上升，大宗矿产供需缺口日益加大，对外依存度不断上升。目前我国约50%的铁矿石和氧化铝、40%以上的石油和60%以上的铜矿资源依赖进口。另一方面，我国二氧化碳、二氧化硫等大气污染物的排放量居世界前列，并还在迅速增长。在全球气候变暖、酸雨问题日益受关注的今天，我国受到的国际压力越来越大。虽然我国人均污染物排放量与其他国家相比相对较少，但在国际社会，近些年来“中国威胁论”抬头，出现了“中国能源威胁论”、“中国环境威胁论”等方面的言论。

可见，资源环境问题已经影响到我国经济的可持续发展。发展循环经济是节约资源、建立和完善促进循环经济发展的政策体系，提高资源利用效率、减少环境污染，是解决我国资源环境问题、转变我国经济发展方式的重要途径。

2. 我国循环经济实践发展迅速，亟需政策引导和扶持

随着国家第一批和第二批循环经济试点及各地省级循环经济试点工作的展开，循环经济在我国发展非常迅速。除试点企业外，许多非试点企业也积极探索发展循环经济。许多地方、企业

勇于探索与创新，从实践中开拓出独具特色的循环经济发展模式。但部分地方和企业对循环经济认识不足，在实践中存在不少问题：一是认为循环经济就是资源综合利用，在发展循环经济的过程中过分关注于废弃物的“循环”，而忽略了资源节约（减量化）与再利用。更为严重的是，少数企业在废弃物循环利用过程中还产生了二次污染。这些做法与循环经济的3R原则是背道而驰的。二是认为循环经济就是延伸产业链条。部分企业在发展循环经济时，不以资源的高效利用为目标，不顾经济效益，盲目延伸产业链，为了“循环”而“循环”，出现了所谓的“循环”不“经济”现象。三是极少数企业打着循环经济的旗号，发展高耗能、高污染产业，似乎只要是发展循环经济就不用遵守环境保护标准了。同时，许多省市、园区、企业反映，在发展循环经济过程中遇到了政策障碍，国家有关部门的政策不协调甚至相互矛盾，不是促进而是阻碍了循环经济的发展。因此，亟需有关部门制定统一的循环经济政策体系，建立促进循环经济发展的激励机制和约束机制，引导和规范我国循环经济的发展，为企业创造良好、公平的市场环境，使节约资源、资源利用效率高、环境污染少的企业能够在市场竞争中处于优势地位，淘汰浪费资源能源、高污染的企业。

3. 贯彻落实《循环经济促进法》，促进循环经济发展的需要

《循环经济促进法》已于2009年1月1日正式施行，该法规定了促进循环经济发展的激励措施，主要包括：设立发展循环经济的专项资金，安排财政性资金支持循环经济重大科技攻关项目，国家对促进循环经济发展的产业活动给予税收优惠，国家实行有利于资源节约和合理利用的价格政策，实行有利于循环经济发展的政府采购政策，对在循环经济管理、科学技术研究、产品开发、示范和推广工作中作出显著成绩的单位和个人给予表彰和奖励等。《循环经济促进法》是我们制定循环经济政策的依据。

为了贯彻落实《循环经济促进法》中的相关规定，必须在梳理现行资源环境政策的基础上，制定一套循环经济政策框架体系，并在该框架体系下，调整、完善现有宏观经济政策，促进我国循环经济的发展。

二、我国循环经济政策的现状及存在的问题

改革开放以来，我国在法律法规、产业、财税、价格、金融、贸易、消费和技术等方面，出台了许多激励和约束措施，着力构建有利于资源节约和环境保护的政策体系。近年来，我国加快了有关政策的调整与完善，对推动我国循环经济发展起到了积极作用。

（一）我国循环经济政策的现状

1. 逐步调整产业政策，遏制高耗能产业盲目发展

近年来，国家加强了对钢铁、煤炭、电力、化工等高耗能、高污染行业的宏观调控，调整产业结构和产品结构，促进产业结构升级，以利于资源节约和环境保护。《国务院关于发布实施〈促进产业结构调整暂行规定〉的决定》（国发［2005］40号）明确指出，对有利于节约资源、保护环境的关键技术、装备及产品予以鼓励和支持，对严重浪费资源能源、污染环境的落后工艺技术、装备及产品进行淘汰。《产业结构调整指导目录》（2005）中详细列出了鼓励类、限制类和淘汰类的技术、装备及产品名录。在国家发展改革委颁布的《汽车产业发展政策》中，体现了引导和鼓励发展节能环保型汽车和新型燃料汽车的特点；《钢铁产业发展政策》指出，钢铁企业要按照可持续发展和循环经济理念，提高环境保护和资源综合利用水平，节能降耗；对电力工业实施“上大压下”、节能减排的政策；此外，国家对电石、电解

铝、水泥等行业也出台了一系列政策，以遏制高耗能产业的盲目发展和低水平重复建设，淘汰落后生产能力，促进产业结构调整和技术升级，缓解能源供应紧张局面。

2. 利用财税政策激励企业发展循环经济，约束资源浪费行为

我国自改革开放以来，出台了不少财税政策，以促进资源节约和综合利用，保护环境。第一，设立清洁生产专项基金和节能技术改造财政奖励资金。从 2004 年开始，我国已经根据《清洁生产促进法》的规定，在中央财政预算中设立了清洁生产的专项资金。2007 年，财政部、国家发展改革委制定了《节能技术改造财政奖励资金管理暂行办法》（财建［2007］371 号），对企业节能技术改造项目给予支持。第二，对企业开展资源综合利用实行税收优惠，如对利用煤矸石、石煤、粉煤灰、三剩物和次小薪材等废弃物的企业按相关规定享受减免增值税的优惠；企业利用废水、废气、废渣等废弃物为主要原料进行生产的，可在五年内减征或者免征所得税等。第三，新的《企业所得税法》中规定，对企业从事节能节水和环境保护项目或购置相关设备按相关规定享受税收优惠。第四，设立侧重于资源节约和环境保护的税种，约束资源浪费行为，如对矿产资源征收资源税，开征耕地占用税，对汽油、柴油、摩托车、小汽车、木制一次性筷子、实木地板等征收消费税。

3. 加快了资源性产品价格改革和环保收费改革

根据《国务院关于加快发展循环经济的若干意见》（国发［2005］22 号）、《国务院关于印发节能减排综合性工作方案的通知》（国发［2007］15 号）、《价格监督检查工作“十一五”指导意见》（国家发展改革委，2006）等文件，当前我国资源性产品价格改革的方向是调整资源性产品与最终产品的比价关系，理顺自然资源价格，逐步建立能够反映资源性产品供求关系的价格机

制；逐步提高各种环境费征收标准，使之等于或大于其治理支出，实现环境成本内部化。有关部门已根据这些指导思想初步制定了天然气、石油、煤炭、水、电等资源性产品的改革方案和逐步提高排污费、污水处理费、垃圾处理费的改革方案。

4. 加大了对循环经济项目的资金支持，严格控制环境违规项目的信贷支持

首先，循环经济和资源节约已列为国债投资重点。自2004年起，国家发展改革委利用国债资金安排了一批节能、循环经济试点企业、资源节约等方面的重大示范项目、重点流域工业污水治理项目，以及循环经济关键技术的产业化示范项目。其次，调整金融政策，积极支持节约资源能源，有利于环境保护的项目，严格控制环境违法项目的贷款。《关于改进和加强节能环保领域金融服务的指导意见》（银发［2007］215号）提出，要有针对性地做好有关节能环保领域的金融服务工作，对《产业结构调整指导目录》（2005）中列出的鼓励类、限制类和淘汰类项目，实行不同的信贷政策。《关于落实环保政策法规防范信贷风险的意见》（环发［2007］108号）规定，金融机构要依据环保部门通报情况，严格贷款审批、发放和监督管理，对未通过环评审批或者环保设施验收的新建项目，金融机构不得新增任何形式的授信支持。对于各级环保部门查处的超标排污、超总量排污、未依法取得许可证排污或不按许可证规定排污、未完成限期治理任务的已建项目，金融机构在审查所属企业流动资金贷款申请时，应严格控制贷款。

5. 调整了资源性产品进出口政策

在出口政策方面，国家出台了《关于停止焦炭和炼焦煤出口退税的紧急通知》（财税明电［2004］3号）、《关于做好控制高耗能、高污染、资源性产品出口有关配套措施的通知》（发改经贸［2005］1482号）、《关于调整部分商品出口退税率和增补加

工贸易禁止类目录的通知》（财税［2006］第139号）、《财政部国家税务总局关于调低部分商品出口退税率的通知》（财税［2007］90号）等一系列文件，以抑制外贸出口的过快增长，特别是高耗能、高污染、资源性产品的出口，缓解我国能源、资源和环境的巨大压力。在进口政策方面，国家规定对列入《国家产业结构调整指导目录》（2005）的鼓励类项目在规定范围内免征进口设备的关税和进口环节增值税，其中包括符合可持续发展战略要求，有利于安全生产，有利于资源节约和综合利用，有利于新能源和可再生能源开发利用、提高能源效率，有利于保护和改善生态环境的项目。

6. 出台了部分绿色消费政策

与循环经济相关的针对个人的消费政策较少，仅在少数法规政策中，如《固体废物污染环境防治法》、《国务院关于加快发展循环经济的若干意见》（国发［2005］22号），有一些原则性规定。此外，2004年，财政部、国家发展和改革委员会制定了《节能产品政府采购实施意见》，要求政府机构用财政性资金进行采购的，应当优先采购节能产品，逐步淘汰低能效产品。2007年，国务院办公厅颁发了《关于建立政府强制采购节能产品制度的通知》，要求建立政府强制采购节能产品制度，在积极推进政府机构优先采购节能（包括节水）产品的基础上，选择部分节能效果显著、性能比较成熟的产品，予以强制采购。

7. 发布了一批节能、节水、资源综合利用和清洁生产技术政策

我国已将循环经济列入"十一五"重大共性和关键技术研发和产业化专项，并制定和发布了一批节能、节水、资源综合利用和清洁生产的技术政策，主要包括《煤矸石综合利用技术政策要点》（国经贸资源［1999］1005号）、《中国节水技术政策大纲》、《节能技术政策大纲》、《国家鼓励和发展的资源节约综合利用和

环境保护技术目录》、《汽车产品回收利用技术政策》、《国家重点行业清洁生产技术导向目录》［第一批（2000）、第二批（2003）和第三批（2006）］等。此外，国家环保总局从1999年起，先后颁发了机动车排放污染防治、城市生活垃圾处理及防治、城市污水处理及防治、废电池污染防治等方面的技术政策文件。在《国家中长期科学和技术发展规划》（2006～2020）中，循环经济的理念贯穿于能源、水和矿产资源以及环境保护等重点领域，节能、节水、加大综合治污与废弃物循环利用成为优先主题。

（二）我国循环经济政策存在的主要问题

我国与循环经济相关的法规政策众多，对促进我国循环经济的发展发挥了重要作用。但从总体上看，我国循环经济相关政策还不完善，不成体系，有的政策制定时间较早，已不能适应当前形势的需要；有的政策甚至与循环经济理念背道而驰；有的政策缺失，成为宏观调控的漏洞。

1. 产业政策不完善，市场准入制度尚未建立

近年来，我国出台的产业政策已逐步纳入资源节约、环境友好等重要指标，但总的看来，我国产业政策仍然保留着计划配置资源的特点，运用最多的是直接管制手段，促进循环经济发展的市场准入制度尚未建立。一是我国现在已有各种污染物排放标准，但缺乏产品和行业的能耗与物耗标准。二是对于从事资源回收、拆解、再生的企业应有相关行政主管部门的许可证，而目前这方面政策还不是很完善，不少没有资质进行废弃物循环利用的小企业、小作坊从事相关作业，在一些地区造成严重的二次污染。三是中央政府出台的产业政策，在一些地方执行走样，如一些进入淘汰产品、技术、工艺目录名单的，并没有得到执行；一些高污染的产业，如草浆、小化工等并没有因为“准入”制度而淘汰。

2. 财税政策促进资源节约，抑制资源浪费的力度有限

我国促进循环经济发展的财税优惠政策主要集中在资源综合利用方面，优惠面不够广，力度不够大；同时抑制资源浪费的约束性政策较少。(1) 我国尚未设立循环经济专项资金支持循环经济的发展。(2) 现行增值税是按照产品增值部分缴纳税收，循环利用资源的企业原材料成本低，增值部分所占比重较高，因此循环利用资源反而需要交纳更高比例的税。此外，利用废旧物资进行生产的企业因废旧物资大多是从民间收购，无法取得增值税专用发票，不能进行进项税额抵扣，加重了该类企业的税收负担，不利于资源循环利用。(3) 资源税征收范围过窄，如土地、淡水、森林、草原等自然资源没有列入；征收税率过低，起不到调节资源合理利用的作用。(4) 消费税在征税范围、税目设置、税率结构等方面也存在与当前循环经济发展形势不相适应的问题。(5) 缺少专门的环境保护税种，与环境保护有关的税种主要是资源税、消费税、城建税等，零星、分散、缺乏系统性，而且这几项收入合计占税收总额的比重只有8%左右，达不到运用税收手段保护自然生态环境、促进资源节约利用的预期效果。

3. 资源性产品价格形成机制不健全

目前，我国自然资源价格和排污收费偏低，价格形成机制不健全，尚不具备促进循环经济自发运行的市场条件。首先，在现有制度和价格体系下，自然资源价格偏低，不能反映资源的全部价值和资源的稀缺程度，更没有反映生态环境补偿成本，企业没有进行技术改造、节约资源的动力，客观上刺激了企业浪费资源和能源。其次，由于对资源回收利用企业的政策优惠不明显，使得回收废旧资源利用往往比开发利用现成的资源成本还高，造成废弃物的资源化利用发展缓慢。如我国企业一旦使用其他企业的废弃物，如工业废渣、粉煤灰等，原来的废物产生者不仅不付费，而且还要向使用者收费，使资源综合利用企业无利可图，严

重挫伤其积极性。最后，由于排污费收费偏低，致使许多企业宁愿选择违法排污并缴纳罚款，导致恶意偷排、故意不正常运转污染防治设施、长期超标排放等持续性环境违法行为大量存在。

4. 对循环经济的资金支持不足

虽然国家已将循环经济和资源节约列为国债投资重点，但总的看来，对循环经济的资金支持有限，向社会筹集资金的商业融资手段的作用严重不足或缺位。银行信贷、企业债券等渠道因缺少相关政策和制度扶持，没有发挥应有的作用。尤其是中小企业，往往享受不到优惠政策。

5. 进出口政策需动态调整

近年来，钢铁、水泥、电解铝、焦炭等行业投资过快增长，产能盲目扩大，钢坯及钢锭、电解铝、铁合金、部分有色金属等高耗能、高污染、资源性产品出口大量增加，加剧了国内能源、原材料、运输紧张的矛盾和资源环境压力。国家出台了一系列政策，控制部分高耗能、高污染和资源性产品出口，取得了一定成效，但调控力度还不够强，仍需进一步完善和调整。

6. 公众参与机制尚未建立

发展循环经济需要政府、企业、科技界和社会公众共同参与。目前，我国公众参与循环经济建设的途径有限，有关政策较少，仅在引导绿色消费方面，有一些原则性规定。而对于公众如何监督企业发展循环经济的情况、行业协会如何参与循环经济发展等，存在政策上的空白。

7. 技术政策调整滞后

促进循环经济发展的技术政策较少，且比较零散，不成体系，导致我国发展循环经济最关键的开采技术、节能技术、能源梯级利用技术和资源综合利用技术缺乏，企业开发能力低，发展循环经济的动力不足。

三、建立健全我国循环经济政策体系的若干建议

我国循环经济政策体系的构建要坚持减量化优先、全面贯彻循环经济的3R（减量化、资源化、再利用）原则，从基本政策、核心政策、相关政策三个层面，重新架构我国循环经济政策体系，重点制定和完善促进循环经济发展的财政、税收、价格、信贷、产业、科技创新、评价考核政策，形成促进循环经济发展的合力。

（一）我国循环经济政策的基本框架

我国循环经济政策体系的基本框架分为3个层次：第一层为基本政策，包括对循环发展普遍适用、具有指导性的法律法规、国务院指导性文件、国家重大战略规划等；第二层为核心政策，不仅包括直接促进循环经济发展的财税、价格、金融、贸易、产业政策，还包括科技政策、评价考核政策、宣传教育政策；第三层为相关政策，即一切有利于资源节约和环境保护的政策。每一个层次的政策都涉及循环经济的减量化、资源化、再利用三个方面，以及生产、流通和消费三个领域，包括了节能、节水、节地、节材，以及资源回收、再生、循环利用等内容。前两个层次是循环经济政策体系的核心，第三个层次调节一切与资源环境相关的经济活动，三个层次有机结合，形成促进循环经济发展的激励机制和约束机制，为循环经济发展创造有利的市场环境。

（二）制定减量化政策

1. 严格市场准入，加大淘汰落后产能力度，建立生态产业体系

（1）产业政策要促进工业和产业的“绿化”，发展生态产业。

对于工业而言，在企业内部，建立重点企业的强制性清洁生产审核制度，促进资源节约和循环利用，减少有毒有害材料的使用；在园区层面，促进企业在空间上的集聚规模效应，引导各产业有机链接，开展生态工业设计和生态工业园区建设。对于农业而言，要鼓励发展生态农业，减少对环境有害的化肥和农药的用量，增加有机肥的投入等。对于旅游业，要根据旅游地区的资源承载力，合理开发旅游资源，控制旅游人数，严禁破坏当地文物和自然景观，以保护自然环境和维护当地人民生活。

（2）规范和引导静脉产业的发展。“静脉产业”一词来源于日本，指将生产和消费过程中产生的废物转化为可重新利用的资源和产品，实现各类废物的再利用和资源化的产业，这些产业（企业）如同将含有较多二氧化碳的血液送回心脏的静脉，因而叫做静脉产业。静脉产业如不进行规范，任其发展，容易造成二次污染，因此应制定严格的行业准入标准和技术标准。同时，应严格控制废弃物进口，防止“洋垃圾”向国内转移。此外，借鉴日本等发达国家的经验，建立电子废弃物产业园区，尽快改变电子废弃物再生利用产业布局分散、小企业多、工艺技术落后的现状，促进产业升级。

（3）制定和完善相关标准，严格市场准入，淘汰落后产能。按照“管住增量、调整存量、上大压小、扶优汰劣”的思路，对电力、钢铁、化工、焦炭、电石、铁合金、建材、造纸、水泥等重点行业实行更加严格的市场准入条件。严格执行新开工项目管理规定，强化用地审查、节能评估审查、环境影响评价，加强项目统计和信息管理，实行项目公告制度。制定鼓励、限制和淘汰的技术、工艺、设备和产品名录，坚决关停并转小火电、小煤窑、小钢铁、小化工、小水泥、小建材、小造纸等，从源头上节约能源、减少污染。

2. 完善资源性产品价格形成机制，理顺初次利用资源、再生资源及废弃物处理的价格关系

（1）理顺资源性产品价格形成机制，主要包括：建立和完善资源产权市场体系，使资源性产品价格中体现资源的获取成本；加快资源垄断行业的体制改革，在具有竞争潜质的领域，通过引入竞争机制，逐步放开政府对资源价格的直接管制，让价格在市场竞争中形成，充分发挥价格信号引导市场供求、优化资源配置的作用；对部分不能形成竞争的经营环节，加强和改进政府的价格监管调控，政府应从资源性产品价格的直接制定者和管制者到市场经济中价格的制定者、调控者、监管者这一复合角色转变。

（2）要协调好初次利用资源（即资源性产品）、再生资源、废弃物处理的价格关系，用价格机制去引导企业发展循环经济，即节约利用资源、提高资源利用效率，积极进行废弃物的再生循环利用，不能利用的废弃物经处理后达标排放。这就需要在理顺资源性产品价格形成机制的基础上，提高资源性产品的价格、降低再生资源价格、提高废弃物排放成本，使初始资源和对环境污染较为严重的产品变得相对昂贵，有利于资源节约和环境保护的产品变得相对便宜，这样一种价格体系将会极大地促进资源节约使用及废弃物循环利用，达到保护环境的目的。

3. 完善财政政策，鼓励资源节约，减少环境污染

（1）调整财政支出政策。一是确定财政支出对循环经济支持的重点，对循环经济政策研究、技术研发与推广、循环经济重点项目、与循环经济相关的公共设施建设等给予资金支持。二是加大国债资金对循环经济试点单位的重大示范项目和循环经济产业化示范项目的支持力度。三是在强制采购节能产品制度和优先采购环境标志产品的基础上，进一步扩大政府绿色采购的范围，提高政府绿色采购比重。

（2）加大财政补贴。全面清理各种补贴政策，取消不利于资

源节约和环境友好的补贴政策；加大对循环经济试点企业的补贴，对企业在生产经营过程中使用的无污染或减少污染的机器设备实行加速折旧制度，以提高企业发展循环经济的积极性。

4. 加快资源税费制度改革，建立绿色税收体系

（1）改革资源税。一是适当扩大资源税征收范围。在现行资源税的基础上，将土地资源、水资源、动物资源、植物资源和海洋资源等自然资源都列入资源税的征收范围。二是实行从价和从量相结合的计征方法，完善资源税计征办法，实行从价和从量相结合的计征方法。三是实行税种、税费合并。将土地使用税、耕地占用税、土地增值税等并入资源税，并将各类资源性收费如矿产资源管理费、林业补偿费、育林基金林政保护费、电力基金、水资源费、渔业资源费等也并入资源税。

（2）进一步完善消费税。一是扩大消费税的征收范围，尤其应把资源消耗量大的消费品，如一次性生活用品、高档建材、高档家具等列入征税范围。二是设计差别税率，对能耗高、环境不友好的消费品征收较高的消费税，抑制不合理消费；对资源消耗量小、利用再生资源生产的产品和环境污染小的产品，征收较低的消费税或者给予税收减免。

（3）建立绿色关税体系。调整进出口税收政策，控制国内紧缺资源和高耗能、高排放、资源性产品出口；鼓励国内紧缺资源和有利于资源节约和综合利用、提高能源效率、保护和改善生态环境的设备进口。

5. 多渠道筹集促进循环经济发展的资金，建立绿色信贷机制

（1）加大国家政策性银行对循环经济的资金支持。由于许多循环经济项目建设周期长、投资大，具有较大的风险，商业性银行不愿或不易介入，财政机制也不可能完全解决，必须充分利用现有政策性银行，主要是国家开发银行的优势，来强化对循环经济的资金支持，帮助相关市场体制的形成。

(2) 设立循环经济专项资金。整合现有的清洁生产专项资金、可再生能源专项基金、散装水泥专项资金和其他有关专项资金，进一步扩大支持范围，加大支持力度，提高各种资金的使用效率，支持循环经济发展。

(3) 建立有利于循环经济发展的商业银行间接融资体系。依靠现有商业银行体系对与循环经济相关企业给予支持和约束。商业银行根据各地方的循环经济发展特点，制定不同的贷款政策。企业贷款可通过地方政府的中小企业发展机构来委托贷款，也可根据情况进行直接贷款。

(三) 完善再利用、资源化政策

1. 完善废弃物循环利用政策，降低废物利用成本

对废弃物进行回收、再生、循环利用往往涉及复杂的技术处理过程，需要较高的成本投入。在资源价格和环境污染排放成本均较低的情况下，企业并没有进行废弃物循环利用的动力；或者为了降低成本，采用落后的工艺、设备进行简单的拆解、回收和利用，造成二次污染。因此必须在提高资源价格和污染排放成本的同时，通过直接投资、补贴、税收优惠、技术研发支持、融资条件优惠等措施，对资源综合利用企业进行支持，提高企业利用废弃物的积极性。

2. 提高排污收费标准，建立生态补偿机制

完善排污收费制度，建立生态补偿机制，促使外部环境成本内部化，提高企业使用环境资源的成本，从而使企业循环利用废弃物有利可图，激励企业发展循环经济。

(1) 完善排污收费制度。逐步提高排污费收费标准，并兼顾社会、企业的承受能力逐步实施到位；扩大征收范围，将排污收费对象由企、事业单位扩大到直接向环境排放污染物的所有排污者，除征收废水、废气排污费外，应加大噪声超标排污费和固体

废物排污费的征收；规范资金用途，加强资金使用监管。

（2）积极进行排污权交易试点。排污权交易是指在一定区域内，在污染物排放总量不超过允许排放量的前提下，内部各污染源之间通过货币交换的方式相互调剂排污量，从而达到减少排污量、保护环境的目的，当前应进一步探索排污权交易的操作模式，将排污指标“价格化”，以市场机制促进环境资源优化配置。

（3）结合资源税费改革，建立跨区域的生态补偿机制。对于西部欠发达地区给予一定的政策倾斜，如在资源税费的费率确定方面，欠发达地区与发达地区区别对待；资源税费的中央与地方分成比例上，欠发达地区的地方政府占更多的分成；中央收取的资源税费，用于资源枯竭地区、经济欠发达地区的资源开发与保护。

3. 完善环保政策，形成环保倒逼机制

实行严格的环境标准，形成强有力的倒逼机制，促使企业通过清洁生产、资源综合利用等各种措施来减少污染排放，降低环保成本。

（1）严格环境准入标准。一是从规划选址、资源消耗、环境容量等方面，提高建设项目环保准入门槛，对不符合环保准入要求的项目不予批准，控制“两高一资”项目和产能过剩行业过快增长。二是对主要污染物未达标大量排放的排污单位依法实施污染减排限期治理，在限期治理期间实行限产限排，在限期内未完成治理任务的责令其停业、关闭；对超环境容量、超排污总量、执行关停淘汰政策不到位的地区，实行“区域限批”。三是引导企业进行成本收益比较，鼓励企业通过购买排污权、开展技术创新、改进生产工艺等途径，选择有利于保护环境的生产行为。

（2）加强环保基础能力建设。一是进一步加快环境统计能力建设步伐，配备专职统计人员，加强污染减排统计人员的专业培训，不断提高环境统计数据储存、传输和共享的信息化水平。二是加强环境监测体系建设。逐步建成组织网络化、管理程序化、技术规范化、方法标准化、监测自动化、质控系统化的现代化环境监测体系。三是加强环境监察能力建设。以加强基层环境监察能力为重点，通过充实监察人员、完善执法装备、发动公众参与等方式，不断提高执法水平，增强快速反应能力。

(3) 充分发挥非政府组织、新闻媒体、普通大众的监督作用，对企业的环境违法行为和政府政务进行监督。明确公民与非官方组织的法律地位，明确其在环境争议中的权力。加强环境信息披露，使公众了解国家环保政策、环境状况和企业的环境信息。通过网站、热线电话、公众信箱、开展社会调查或环境信访等途径，拓宽公众参与渠道。充分发挥新闻媒介的舆论监督和导向作用，监督有关部门依法行政。

（四）出台保障性政策，搭建促进循环经济发展的平台

1. 制定循环经济评价考核政策

在当前的政绩考核体系中，经济发展指标所占比重过大，不少地方为抓“政绩”，片面追求 GDP 增长率，导致资源消耗高、利用率低，污染严重，经济发展方式粗放。建立循环经济评价考核制度，有助于推动解决单纯以 GDP 指标来衡量各地经济发展水平的弊端，形成新型政绩观和科学规范的考评机制。《循环经济促进法》中明确规定要将主要评价指标完成情况作为对地方政府及其负责人考核评价的内容。当前，应逐步完善循环经济评价考核制度，第一步，切实将《国务院关于印发节能减排综合性工作方案的通知》（国发［2007］15 号）国务院节能减排综合性》中规定的两个约束性指标（单位国内生产总值能源消耗、主要污染物排放总量）纳入领导干部政绩考核；第二步，将国家发展改革委会同国家环保总局、国家统计局等有关部门编制出台的《循环经济评价指标体系》中的部分重要指标，如主要矿产资源产出

率、单位国内生产总值取水量、资源综合利用指标等纳入综合评价和考核范畴；第三步，在进一步完善绿色GDP核算方法，总结绿色GDP试点经验的基础上，将绿色GDP作为经济社会发展综合评价和政府领导干部综合考核评价的依据。

2. 建立循环经济技术支撑体系和咨询服务体系

（1）大力支持循环经济关键技术和共性技术的研究开发和产业化示范，加快新技术、新设备、新材料的推广应用。鼓励资源节约和替代技术、能量梯级利用技术、废物再生利用技术、产业链接技术、污染防治技术；研究不同企业、不同产品之间的链接技术以及生态产业园区的优化设计技术，建立企业共生网络和生态工业集成系统的技术等。

（2）积极支持建立循环经济信息系统和技术咨询服务体系，及时向社会发布有关循环经济的技术、管理和政策等方面的信息，开展信息咨询、技术推广、宣传培训等，引导企业实现相互间的经验交流和信息共享，为循环经济的发展提供平台。

分 报 告 一

中国循环经济政策现状评估

随着资源短缺、环境污染、气候变化等问题的日益突出，我国对节约资源与保护环境越来越重视。发展循环经济是节约资源、保护环境、转变我国经济发展方式的重要手段。目前，循环经济已上升为我国的重大发展战略，在全国范围内全面展开。然而，我国促进循环经济发展的政策体系建设严重滞后于实践，已成为制约循环经济进一步发展的重要原因之一。因此，我们迫切需要对现行相关政策进行梳理和完善，制定一套切实可行的循环经济政策体系，促进我国循环经济的发展。

一、我国发展循环经济的基本情况

（一）我国循环经济的发展历程和最新进展

1. 我国循环经济的发展历程

一般认为，循环经济思想起源于 20 世纪 60 年代美国学者鲍尔丁（K. E. Boulding）提出的“宇宙飞船理论”。他认为，传统经济将地球看成是一个开放的系统、无限的仓库，是一种开放经济，是一种充满掠夺的“牛仔经济”。地球如同一艘在茫茫宇宙中航行的飞船，资源储备和环境容量有限，且相对封闭，必须建立循环型生产和消费体系。20 世纪 80 年代末至 90 年代初循环经济的理论体系和实践模式在西方主要工业国家逐渐成熟和完善。目前，许多发达国家和发展中国家都已把发展循环经济作为其实现可持续发展的主要方式之一，日本和德国在发展循环经济方面的成效尤为突出。20世纪90年代中后期，循环经济理念被引入我国，并得到迅速发展。我国发展循环经济经历了由无意识探寻到有意识积极发展的转变。

第一阶段：以资源综合利用和清洁生产为核心的实践探索阶段（20世纪50年代至90年代末）。在循环经济理念从发达国家引入我国之前，我国已经在节能、节材、节水、资源综合利用和清洁生产方面展开了相关工作，为循环经济的发展奠定了基础。20世纪50年代，我国开始进行废旧物资的回收，主要是通过资源节约和废旧物资的回收利用缓解当时物质的匮乏。20世纪80年代初，国家有关部门把节能、节材、节水逐步纳入国民经济和社会发展计划，制定了一系列有关的政策、标准和管理制度。“九五”以来，国家陆续出台了鼓励企业开展资源综合利用的优惠政策，形成了遍布城乡的废旧物资回收网络及区域性技术、废塑料、废纸等集散市场，促进了资源的回收利用。20世纪90年代初，清洁生产作为我国工业污染防治的重要手段被提上日程。随后国家出台了一系列政策，并于2003年通过了《清洁生产促进法》，推动清洁生产的发展，极大地促进了企业提高资源利用率和污染物减排。

第二阶段：循环经济理念的引入和在中国的初步实践阶段（20世纪90年代末到2004年）。20世纪90年代中后期，循环经济理论和实施经验被国内学者引入我国，并迅速得到环保界的广泛关注。1999年以来，国家环保总局在辽宁省、山东省、贵阳市、广西贵港、广东南海、内蒙古包头、新疆石河子、湖南长沙等省、市开展了循环经济试点工作，包括：在企业层面积极推行清洁生产，推动企业废物减排；在工业集中区建立由共生企业群组成的生态工业园区，促进企业间废弃物的综合利用，尽可能减少污染排放；在城市和省区开展循环经济试点工作，探索区域循环经济发展模式。这些工作对我国循环经济的发展起到了极大的推动作用，为我国循环经济的全面展开奠定了基础。

第三阶段：循环经济理念上升到国家战略层面，循环经济实践在我国全面展开（2004 年至今）。从 2004 年起，国务院确定了以国家发展改革委为主、国家环保总局等相关部委配合的管理体制，推进循环经济工作。2004 年 9 月，国家发展改革委组织召开了全国循环经济工作会议，对发展循环经济工作进行了部署。随后会同有关部门，研究起草并由国务院发布了《国务院关于加快发展循环经济的若干意见》（国发［2005］22 号），这标志着发展循环经济已上升到我国国家发展战略层面。2005 年 10 月，经国务院批准，国家发展改革委等六部门启动全国第一批循环经济试点工作，在重点行业、重点领域、部分产业园区、部分省市积极探索循环经济的实践形式。在总结第一批试点经验的基础之上，2008 年启动了国家第二批循环经济试点工作。近年来，国家在循环经济立法、政策引导、循环经济试点、节能降耗和加强宣传培训等方面做了大量工作，各级地方政府和企业积极探索发展循环经济的形式，循环经济在我国进入全面发展阶段。2009 年 1 月 1 日，《循环经济促进法》正式施行，标志着我国循环经济发展步入法制化轨道。现在，我国发展循环经济已从关注“面”的推广到重视“质”的提升。

2. 我国发展循环经济的具体实践

近年来，我国在重点行业、重点领域、产业园区和省市四个层面开展了循环经济试点工作，进行循环经济实践探索，在减少资源消耗、提高资源利用率、减少污染排放等方面取得了积极成效，对促进我国经济发展方式的转变起了重要作用。

在企业层面，除展开清洁生产审计外，国家发展改革委等部门还选取了钢铁、电力等重点行业和废旧金属再生利用、再制造等重点领域的上百家企业进行试点，探索在单个企业内部减少资源能源消耗和减少污染物排放的方式和途径。以济南钢铁集团公司为例，该公司紧紧围绕资源和能源问题，积极进行自主创新，开发资源节约和替代技术、能量梯级综合利用技术以及废弃物资源化利用技术，结合自身实际，合理利用煤气、余热余压余能、水资源和固体废弃物，取得了较为明显的成效，每年可消化 340 万吨固体废物，收集含铁粉尘、焦粉等各类除尘灰将近 80 万吨，带来收益上亿元。

在园区层面，建立由共生企业群组成的生态工业园区，使上游企业的废物成为下游企业的原材料，实现园区资源的有效配置，尽可能减少废弃物的排放。在国家发展改革委等部门公布的第一批循环经济试点名单中，有 13 家产业园区名列其中。天津经济技术开发区紧紧围绕减量化、再利用和再循环，在项目招商中，注重循环经济产业的引进，引导企业之间的衔接，形成相互依附的产业链，使工业废弃物内在地消化在企业生产循环中，提高资源利用率，减少工业垃圾的排放，减少污染的产生，形成“闭路环绕”的工业共生平台，基本形成无废排放园区。

部分省市开始在区域层面探索循环经济发展模式。北京、辽宁、山东等 10 个省市进入了第一批循环经济试点名单，还有许多未进入试点名单的省市也在学习试点单位的做法和经验，并结合自身实际，探索循环经济发展道路。山东省从点（企业层面）、线（行业层面）、面（社会层面）多层次、全方位推动循环经济的发展，取得良好成效。三门峡市以能源、黄金、铝工业、煤化工、林果加工五大工业基地为重点，积极打造循环经济产业链，并逐步构筑一、二、三产业的循环经济体系。

农业发展循环经济日益受到重视。生态农业被视为农业循环经济的重要实现形式，我国这方面的实践较早，形成了各具特色的发展模式，如著名的“猪一沼一果”能源生态模式。近年来，各地在生态农业模式的基础上，积极探索农业发展循环经济的新途径。陕西省杨凌农业高新技术产业示范区是国家唯一一家农业循环经济试点单位，该示范区着重发展能够延伸农业产业链的重点产业，以环保农资业作为各产业耦合链接的节点，即农业为工业提供原料和资源，食品加工和生物制药等产业所产生的废弃物通过科技创新形成农资产业的原材料，农资产品又反哺给农业，而工业产生的废水废渣经综合处理后循环利用，从而形成有效的工农业循环体系。

（二）循环经济政策研究现状

自循环经济理念引入我国开始，学术界就开始关注宏观经济政策对于促进循环经济发展的作用，近年来更是成为研究的热点。

涉及循环经济政策研究的著作主要有《循环经济知识读本》《我国循环经济发展战略研究报告》《循环经济学》《中国循环经济与可持续发展》等，这些著作中有部分章节对循环经济政策进行了分析，基本上属于原则性建议。

公开发表的学术论文对促进循环经济发展的政策建议涉及面相当广泛，主要集中于以下四方面：(1) 对循环经济项目的资金投入。在财政预算中设立循环经济专项基金，支持循环经济项目的发展。(2) 财政补贴。主要包括物价补贴、企业亏损补贴、财政贴息、税前还贷等。(3) 税收政策。包括税收优惠，调整现有资源税的征收范围，新增部分资源和环境税种等。(4) 改革资源性产品的价格和排污收费制度。提高水、煤炭、土地等资源性产品的价格，提高排污收费标准，建立生态补偿机制等。

对循环经济政策进行专项研究较为全面和深入的是世界银行促进中国循环经济发展的政策研究项目和世界银行—全国人大环资委循环经济立法项目的研究报告。《循环经济立法研究最终报告》（讨论稿）对国际和国内循环经济法规进行了系统总结和分析，并涉及对国内循环经济政策现状的评估，是迄今为止对国内循环经济法规政策研究最为全面和深入的研究报告，不过这份报告侧重点在法规方面，对政策略有论述。《促进中国循环经济发展的政策研究》对提高水泥行业和造纸行业生态效率、废弃物循环利用与无害化处置和循环经济区域发展模式与政策进行了研究。

总体来看，国内对循环经济政策的研究成果相当丰富，针对财税、价格政策研究的居多，为本报告研究提出我国循环经济政策框架体系奠定了基础，但缺乏对现有相关政策的梳理与评估。因此，本报告将从系统梳理我国循环经济相关政策入手，分析其中存在的问题，从而有针对性地提出构建我国循环经济政策框架体系的建议。

二、我国循环经济政策现状分析

改革开放以来，我国在法律法规、产业、财税、价格、金融、贸易、消费和技术等方面，出台了激励和约束措施，构建有利于资源节约和环境保护的政策体系。近年来，我国加快了有关政策的调整与完善，对推动我国循环经济发展起到了积极作用。

（一）法律法规

与发展循环经济相关的法律法规涉及综合性法律法规、资源、能源、资源综合利用和环境保护五大类。这些法律法规为依法推进循环经济的发展奠定了基础。

第一，《循环经济促进法》已于2009年1月1日正式施行。与循环经济关系最为密切的现行法律是《清洁生产促进法》（2003年），该法较系统地对生产领域节约资源、提高资源利用率、资源综合利用、减少有毒有害原料的使用，以及合理包装等进行了规范。但《清洁生产促进法》只包括循环经济在生产领域的有关内容，相当多的内容尚未涉及，难以对发展循环经济过程中的社会关系进行有效调整与规范。随着循环经济在我国的迅速发展，制定一部专门的循环经济法非常迫切。2005 年 12 月，循环经济法立法列入了第十届全国人大常委会的立法计划。草案的起草由全国人大环资委牵头，全国人大法律委、财经委、全国人大常委会法工委、国家发展改革委和国家环保总局参与。2007 年 8 月 24 日，《循环经济法（草案）》提交第十届全国人大常委会第二十九次会议审议。《循环经济法（草案）》以“减量化、再利用、资源化”为主线，共七章 61 条，分别为总则、基本管理制度、关于减量化的规定、关于再利用和资源化的规定，以及激励措施、法律责任和附则。草案坚持减量化优先的原则，规定了循环经济规划制度、抑制资源浪费和污染物排放的总量调控制度、循环经济评价考核制度、以生产者为主的责任延伸制度、对高耗能高耗水企业的管理、激励措施和法律责任制度八大管理制度。历时 4 年，《循环经济法（草案）》经过不断研究、多次讨论，最后定为《循环经济促进法》，并于 2009 年 1 月 1 日起正式施行，标志着我国循环经济发展进入了法制化阶段。

第二，资源领域包括《水法》《矿产资源法》等法律。《水法》于 2002 年修订，并于 2002 年 10 月 1 日起施行，该法规定水资源属于国家所有，确立了取水许可制度和水资源有偿使用制度，并把节约用水放在突出位置，提出了相应的管理制度和措施。《矿产资源法》于 1996 年修正后，其主要内容包括探矿权、采矿权有偿使用制度，矿产资源税和资源补偿费制度、采矿许可证制度等。其他的法律，如《土地管理法》《森林法》和《草原法》等，只有少量有关资源开发利用的条款与循环经济相关，但关系不是很密切。

第三，能源领域的法律法规较多，主要包括《电力法》《节约能源法》《可再生能源法》《煤炭法》《矿产资源法》《矿山安全法》等。其中，《节约能源法》和《可再生能源法》与循环经济相关较大。《节约能源法》自 1998 年 1 月 1 日起施行，为适应我国节能减排、转变经济增长方式的发展形势，该法已于 2007 年修订，并于 2008 年 4 月 1 日起施行。修订后的节能法扩大了法律调整范围；提出了很多具体可操作的节能措施；还专门新增了“激励政策”一章，明确国家实行财政、税收、价格、信贷和政府采购等政策促进企业节能和产业升级。发展可再生能源，减少煤炭、石油、天然气等一次性资源的消耗，是发展循环经济的重要内容。《可再生能源法》（2006）规定了可再生能源的资源调查与发展规划、产业指导与技术支持、推广与应用、价格管理与费用分摊、经济激励与监督措施等。

第四，目前，我国还没有一部关于资源综合利用的法律。在资源综合利用方面，相关的法规政策主要有《关于开展资源综合利用若干问题的暂行规定》（国发［1985］117 号）、《国务院批转国家经贸委等部门关于进一步开展资源综合利用的意见的通知》（国发［1996］36 号）、《资源综合利用目录》（2003 年修订）、《国家鼓励的资源综合利用认定管理办法》（发改环资［2006］1864 号）、《报废汽车回收管理办法》（国务院，2001）、《再生资源回收管理办法》（商务部等六部委，2006）。此外，《废旧家电回收处理管理条例》、《废旧轮胎回收利用管理条例》已列入 2007 年国务院立法计划。

第五，与循环经济相关的环境保护法律有《环境影响评价法》、《水污染防治法》、《大气污染防治法》、《固体废物污染环境防治法》和《环境保护法》等。这些法律，从预防环境污染和破坏的角度，对采用清洁生产工艺、提高资源能源利用率、减少废物的排放作出了相应的规定。

（二）产业政策

近年来，国家加强了对钢铁、煤炭、电力、化工等高耗能、高污染行业的宏观调控。同时，国家针对资源综合利用、清洁生产和循环经济还出台了专门的政策。这些政策在调整产业结构和产品结构，促进产业升级方面，发挥了重要作用，有利于节约降耗，保护环境。

第一，在规范行业发展，促进产业结构升级方面的政策。《国务院关于发布实施〈促进产业结构调整暂行规定〉的决定》（国发［2005］40号）明确指出对有利于节约资源、保护环境的关键技术、装备及产品予以鼓励和支持，对严重浪费资源能源、污染环境的落后工艺技术、装备及产品进行淘汰。《产业结构调整指导目录》（2005年）中详细列出了鼓励类、限制类和淘汰类的技术、装备及产品名录。根据该目录，国土资源部和国家发展改革委联合发布了《限制用地项目目录》（2006年）和《禁止用地项目目录》（2006年），将部分项目列入了限制和禁止用地项目目录，其中包括不利于安全生产、资源和能源节约、环境保护和生态系统的恢复的项目。在国家发展改革委颁布的《汽车产业发展政策》（2004年）中，体现了引导和鼓励发展节能环保型汽车和新型燃料汽车的特点。《钢铁产业发展政策》（2005年）指出，钢铁企业要按照可持续发展和循环经济理念，提高环境保护和资源综合利用水平，节能降耗。最大限度地提高废气、废水、废物的综合利用水平，力争实现“零排放”，建立循环型钢铁工厂。《关于加强电力工业结构调整、促进健康有序发展有关工作的通知》（发改能源［2006］661号）、《国家发展改革委办公厅关于做好小火电机组关停调查工作的通知》（发改能源［2006］392号）、《国务院批转发展改革委、能源办关于加快关停小火电机组若干意见的通知》（国发［2007］2号）等文件，体现了国家对电力工业实施“上大压下”、节能减排的政策。此外，国家对电石、电解铝、水泥等行业也出台了一系列政策，例如在《国务院办公厅转发国家发展改革委关于完善差别电价政策的意见的通知》（国办发［2006］77号）、《国家发展改革委、国家电监会关于坚决贯彻执行差别电价政策禁止自行出台优惠电价的通知》（发改价格［2007］773号）等文件中，要求对电解铝、铁合金、电石、烧碱、水泥、钢铁、黄磷、锌冶炼8个高耗能行业实行差别电价政策，以遏制高耗能产业的盲目发展和低水平重复建设，淘汰落后生产能力，促进产业结构调整和技术升级，缓解能源供应紧张局面。

第二，在鼓励资源节约和资源综合利用方面的政策。我国自1985年开始就出台鼓励资源综合利用的政策，在《关于开展资源综合利用若干问题的暂行规定》（国发［1985］117号）中，明确提出对资源综合利用实行鼓励和扶持政策，制定了相应的《资源综合利用目录》（1985），并随着实际情况的变化于1996年和2003年进行了两次修订。通过一系列政策，国家引导和鼓励利用余热余压、城市垃圾和煤矸石、煤泥等低热值燃料及煤层气生产电力、热力的综合利用电厂。为抑制毁田烧砖，国家征收了墙体材料专项基金，推进以固体废弃物为原料的新型墙体材料生产，同时出台了对实心粘土砖生产的限制性政策，积极推动新型墙体材料的迅速发展。2007年，国家发展改革委发布了《“十一五”资源综合利用指导意见》，在分析我国资源综合利用现状的基础上，提出了2010年资源综合利用目标、重点领域、重点工程和保障措施。确定了共伴生矿产资源综合开发利用工程、大宗固体废物资源化利用工程、再生金属加工产业化工程、废旧家电废旧轮胎等再生资源产业化工程、再生资源回收体系建设示范工程、农业废弃物和木材综合利用工程等六大资源综合利用重点工程。这是我国“十一五”期间资源综合利用工作的指导性文件，也是引导投资及决策重大项目的依据。

第三，在清洁生产方面的政策。1997 年，国家环保总局出台《关于推行清洁生产的若干意见》（环控［1997］232 号），对各级环保部门加强清洁生产的宣传、调整管理制度、制定经济政策等方面提出了指导性的建议。随后，为进一步推动全国清洁生产的发展，国家开展了清洁生产示范试点和清洁生产审计试点工作，并先后制定了《国家重点行业清洁生产技术导向目录》［第一批（2000）、第二批（2003）和第三批（2006）］。2003 年，《清洁生产促进法》颁布。为认真贯彻落实《清洁生产促进法》，国务院办公厅转发了发展改革委等部门《关于加快推行清洁生产意见的通知》（国办发［2003］100 号），从提高认识、完善政策、加快结构调整和技术进步、推进企业实施清洁生产、完善法规体系、加强对推行清洁生产工作的领导等方面对推动我国清洁生产工作提出了要求。

第四，针对循环经济的综合性政策。2005 年 7 月，国务院先后颁布了《国务院关于做好建设节约型社会近期重点工作的通知》（国发［2005］21 号）、《国务院关于加快发展循环经济的若干意见》（国发［2005］22 号），这两个文件是我国发展循环经济的纲领性文件。“21 号文件”提出要“以节能、节水、节材、节地、资源综合利用和发展循环经济为重点，加快结构调整，推进技术进步，加强法制建设，完善政策措施，强化节约意识，尽快建立健全促进节约型社会建设的体制和机制，逐步形成节约型的增长方式和消费模式，以资源的高效和循环利用，促进经济社会可持续发展”。“22 号文件”提出了我国循环经济的发展目标是到 2010 年建立比较完善的发展循环经济法律法规体系、政策支持体系、体制与技术创新体系和激励约束机制，并指出了发展循环经济的重点工作和重点环节，要求加强对循环经济发展的宏观指导，加快循环经济技术开发和标准体系建设，建立和完善促进循环经济发展的政策机制、坚持依法推进循环经济发展和加强对发展循环经济工作的组织和领导。根据22号文件的精神，国家环保总局发布了《国家环保总局关于推进循环经济发展的指导意见》（环发［2005］114号），该文件明确了环保部门在推进循环经济工作中的作用与地位，并提出了环保部门推进循环经济工作的范围和具体内容。2005年10月，国家发展改革委等六部门发布了《关于组织开展循环经济试点（第一批）工作的通知》，出台了《循环经济试点工作方案》。2006年3月，“两会”期间通过了《中华人民共和国国民经济和社会发展第十一个五年规划纲要》，循环经济作为转变经济增长方式，进行资源节约型和环境友好型社会建设的重要途径，被列入其中。该纲要同时提出了“十一五”期间单位国内生产总值能耗降低20％左右，主要污染物排放总量减少10％的约束性指标。2007年5月，国务院颁发了《国务院关于印发节能减排综合性工作方案的通知》（国发［2007］15号），同意发展改革委会同有关部门制定的《节能减排综合性工作方案》，明确指出“要把节能减排指标完成情况纳入各地经济社会发展综合评价体系，作为政府领导干部综合考核评价和企业负责人业绩考核的重要内容，实行‘一票否决’制”；并再次从深化循环经济试点、实施水资源节约利用、推进资源综合利用、促进垃圾资源化利用、全面推进清洁生产五个方面对推进循环经济工作提出了目标和要求。2007年6月，国家发展改革委会同国家环保总局、国家统计局等有关部门编制出台了《循环经济评价指标体系》，以科学评价我国循环经济的发展状况，为制定和实施循环经济发展规划提供数据支持。

（三）财税政策

我国自改革开放以来，出台了不少财税政策，以促进资源节约和综合利用，保护环境。

第一，设立清洁生产专项基金和节能技术改造财政奖励资金。从2004年开始，我国已经根据《清洁生产促进法》的规定，在中央财政预算中设立了清洁生产的专项资金，重点支持清洁生产的规划、培训、技术标准的制定以及冶金、轻工、纺织、建材等污染相对严重行业中的中小企业清洁生产示范项目的建设。2007年，财政部、国家发展改革委制定了《节能技术改造财政奖励资金管理暂行办法》(财建［2007］371号)，对企业节能技术改造项目（指《“十一五”十大重点节能工程实施意见》中确定的燃煤工业锅炉（窑炉）改造、余热余压利用、节约和替代石油、电机系统节能和能量系统优化等项目）给予支持，奖励金额按项目实际节能量与规定的奖励标准确定。

第二，实行矿产资源有偿使用制度。《矿产资源法》明确规定国家实行探矿权、采矿权有偿取得的制度；开采矿产资源，必须按照国家有关规定缴纳资源税和资源补偿费。关于探矿权、采矿权有偿取得制度，根据《矿产资源法》等法规，财政部、国土资源部制定了《探矿权采矿权使用费和价款管理办法》(财综字［1999］74号)，规定在中华人民共和国领域及管辖海域勘查、开采矿产资源，均须按规定交纳探矿权采矿权使用费、价款，并明确了使用费和价款的收取标准。2006年，财政部、国土资源部、中国人民银行《关于探矿权采矿权价款收入管理有关事项的通知》(财建［2006］394号)进一步明确，自2006年9月1日起，国家出资形成的探矿权、采矿权价款收入按固定比例进行分成，其中20%归中央所有，80%归地方所有，而省、市、县分成比例由省级人民政府根据实际情况自行确定。关于资源税和资源补偿费，《中华人民共和国资源税暂行条例》规定，国家对原油、天然气、煤炭、黑色金属原矿、有色金属原矿和其他非金属原矿等征收资源税。根据国务院制定的《矿产资源补偿费征收管理规定》(1993制定，1997年修改)，采矿权人开采不可再生矿产资源需要向国家缴纳资源补偿费，并制定了具体的征收费率，中央与省、直辖市矿产资源补偿费的分成比例为5∶5，中央与自治区矿产资源补偿费的分成比例为4∶6。目前，国家正在研究制定矿产资源有偿使用制度改革方案。2006年9月，国务院批复了财政部、国土资源部、国家发展改革委制定的《深化煤炭资源有偿使用制度改革试点实施方案》，选择山西、内蒙古、黑龙江、安徽、山东、河南、贵州、陕西等8个煤炭主产省（区）进行试点，提出要深化煤炭资源有偿使用制度改革，落实矿业权有偿取得制度，建立健全矿山环境治理、生态恢复和安全生产责任机制，合理调整资源税费政策，加强资源开发管理和宏观调控，促进煤炭资源合理有序开发和可持续利用。

第三，对企业开展资源综合利用实行税收优惠。一是增值税减免，包括免征增值税、增值税即征即退和减半征收三大类。(1) 符合下列条件的免征增值税：企业生产的原料中掺有不少于30％的煤矸石、石煤、粉煤灰、烧煤锅炉等其他废渣（不包括高炉水渣）为原料生产的建材产品；企业利用废液（渣）生产的黄金、白银；废旧物资回收经营单位销售其收购的废旧物资。(2) 以下情况增值税即征即退：利用煤炭开采过程中伴生的舍弃物油母页岩生产加工的页岩油及其他产品；在生产原料中掺有不少于30％的废旧沥青混凝土生产的再生沥青混凝土；利用城市垃圾生产的电力；在生产原料中掺有不少于30％的煤矸石、石煤、粉煤灰、烧煤锅炉的炉底渣（不包括高炉水渣）及其他废渣生产的水泥；在2005年12月31日前对企业以三剩物和次小薪材为原料生产加工的综合利用产品。(3) 以下情况增值税减半征收：利用煤矸石、煤泥、油母页岩和风力生产的电力；部分新型墙体材料产品。二是所得税减免。企业利用废水、废气、废渣等废弃物为主要原料进行生产的，可在五年内减征或者免征所得税。三是消费税减免。自2000年1月1日起对翻新轮胎停止征收消费税。

第四，对企业从事节能节水和环境保护项目或购置相关设备实行税收优惠。在新的《企业所得税法》（2007 年 3 月 16 日第十届全国人大第五次会议通过，自 2008 年 1 月 1 日起施行）中明确规定，对企业从事符合条件的环境保护、节能节水项目所得免征或减征企业所得税；对企业购置用于环境保护、节能节水等专用设备的投资额，可以按一定的比例实行税额抵免。

第五，对污水处理费免征增值税。根据《财政部、国家税务总局关于污水处理费有关增值税政策的通知》（2001），为了切实加强和改进城市供水、节水和水污染防治工作，促进社会经济的可持续发展，加快城市污水处理设施的建设步伐，对各级政府及主管部门委托自来水厂（公司）随水费收取的污水处理费，免征增值税。

第六，设立侧重于资源节约和环境保护的税种，约束资源浪费行为，减少污染物排放。一是对矿产资源征收资源税。二是开征耕地占用税，对占用耕地建设及从事其他非农业建设的行为实施税收调节，抑制乱占滥用耕地，促进合理利用耕地资源和保护耕地。三是将部分高能耗、不可再生以及不利于环境保护的消费品纳入消费税的征收范围，如对含铅汽油与无铅汽油分别按 0.28 元/升和 0.20 元/升的税率征收消费税；对汽油、柴油、摩托车、小汽车等征收消费税；在 2006 年出台的《财政部、国家税务总局关于调整和完善消费税政策的通知》（财税［2006］33 号）中，新增了木制一次性筷子、实木地板等税目，同时降低了部分小排量乘用车的税负，并提高了大排量乘用车的税负。

（四）资源性产品价格改革政策

根据《国务院关于加快发展循环经济的若干意见》（国发［2005］22 号）、《国务院关于印发节能减排综合性工作方案的通知》（国发［2007］15 号）、《价格监督检查工作“十一五”指导意见》(2006，国家发展改革委）等文件，调整资源性产品与最终产品的比价关系，理顺自然资源价格，逐步建立能够反映资源性产品供求关系的价格机制，是当前资源性产品价格改革的方向。

第一，天然气价格政策。目前我国对陆上天然气出厂价格区分计划内气和自销气，分别实行政府定价和政府指导价。计划内天然气出厂价格实行中央政府定价，并按不同用途、不同油田对化肥、居民、商业和其他用气实行分类定价。自销气出厂价格实行中央政府指导价。但西气东输、忠武线、陕京线等新建管道项目，不再区分计划内气和自销气，也不再按不同用途实行分类定价，均实行政府指导价。此外，天然气价格在实际执行中还出现了协议气价形式。根据《国家发展改革委关于改革天然气出厂价格形成机制及近期适当提高天然气出厂价格的通知》(发改价格[2005] 2756号)，我国天然气出厂价格形成机制改革主要包括四方面内容：一是简化价格分类，规范价格管理；二是坚持市场取向，改变价格形式；三是理顺比价关系，建立挂钩机制；四是逐步提高价格，实现价格并轨。

第二，石油价格政策。我国现行成品油价格形成机制是在1998年和2001年两次改革方案的基础上形成的，是按照与国际市场价格接轨并保持国内油价相对稳定的原则确定的，即国内原油价格与国际油价接轨，而成品油价格变化则由国家发展改革委根据纽约、新加坡和鹿特丹三地成品油价格制定国内成品油零售基准价。目前，我国已经正式采用“原油加成本”的成品油定价机制，这是国内成品油定价机制的一次全新尝试。

第三，煤炭价格政策。中国1993年进行煤炭价格部分市场化改革，国家为了确保电价稳定，设定了国有大型电厂的电煤价格，从而形成了“计划煤”与“市场煤”之间的价格双轨制。自2002年起，国家逐步放开了电煤指导价格。2004年12月，国家发展改革委发布《关于建立煤电价格联动机制的意见的通知》（发改价格［2004］2909 号），明确了煤电联动计算方法、首次联动的计算基准、电价调整周期、销售电价与上网电价联动等重要问题。2006 年 12 月，国家发展改革委发布《关于做好 2007 年跨省区煤炭产运需衔接工作的通知》（发改运行［2006］2867 号），表示 2007 年将进一步改革跨省区煤炭产运需衔接工作，加快建立统一开放、竞争有序的现代煤炭市场体系。自此重点电煤的特殊优惠政策彻底结束，煤炭价格完全放开。2007 年 8 月，国家发展改革委、国家质检总局联合发布《关于进一步加强煤炭质量管理工作的通知》（发改运行［2007］1955 号），要求加快推进煤炭价格形成机制改革，坚持和完善以质论价、优质优价、同质同价原则，加快建立完善反映市场供求关系和资源稀缺程度的煤炭价格形成机制，促进提高煤炭质量。

第四，水价政策。我国水价主要由水资源费、水利工程费及污水处理费组成。近年来国家对于水价和水价改革工作十分重视，出台了一系列政策。1998 年以来，国务院和有关部门相继颁发了《城市供水价格管理办法》（1998，国家计委、建设部）、《关于贯彻城市供水价格管理办法有关问题的通知》（1999，国家计委、建设部）、《国务院关于加强城市供水节水和水污染防治工作的通知》（国发［2000］36 号）、《关于改革农业用水价格有关问题的通知》（计价格［2005］515 号）、《关于进一步推进城市供水价格改革工作的通知》（2002，国家计委）、《水利工程供水价格管理办法》（2003，国家发展改革委、水利部）、《国务院办公厅关于推进水价改革促进节约用水保护水资源的通知》（2004，国办发［2004］36 号）、《取水许可和水资源费征收管理条例》（2006 年 1 月 24 日国务院第 123 次常务会议通过）等文件。根据这些文件，我国水价改革是围绕加大征收水资源费、提高水利工程水价和提高污水处理收费等方面展开的。我国水价改革的目标是建立充分体现我国水资源紧缺状况，以节水和合理配置水资源、提高用水效率、促进水资源可持续利用为核心的水价机制。

第五，电价政策。我国从 2002 年开始进行电力体制改革，电价改革是其中的重要内容之一，主要政策包括：(1) 建立与发电环节竞争相适应的上网电价形成机制，在实现发电企业竞价上网前，继续实行煤电价格联动（《国务院办公厅关于印发电价改革方案的通知》(国办发［2003］62 号)、《上网电价管理暂行办法》、《输配电价暂行管理办法》、《销售价格暂行管理办法》(发改价格［2005］514 号)。(2) 实行鼓励电厂减排二氧化硫的脱硫电价政策，现有燃煤机组按国家有关要求完成脱硫改造后，其上网电量在现行上网电价基础上每千瓦时加价 1.5 分钱。此外，对脱硫设施投产运营率在 90%以上的电厂，国家将扣减脱硫设备停运时间所发电量的脱硫电价款：投运率在 80%～90%的，扣减停运时间所发电量的脱硫电价款并处 1 倍罚款；投运率低于 80%的，扣减停运时间所发电量的脱硫电价款并处 5 倍罚款（《燃煤发电机组脱硫电价及脱硫设施运行管理办法［试行］》。(3) 鼓励风力发电、生物质发电（包括农林废弃物直接燃烧和气化发电、垃圾焚烧和垃圾填埋气发电、沼气发电）、太阳能发电等可再生能源发电，其发电价格暂不参与市场竞争，实行政府定价和政府指导价两种形式（《上网电价暂行管理办法》(发改价格［2005］514 号)、《可再生能源发电价格和费用分摊管理试行办法》(发改价格［2006］7 号)。通过这些政策，国家鼓励发电企业节能减排，保护环境。(4) 对电解铝、铁合金、电石、烧碱、水泥、钢铁、黄磷、锌冶炼 8 个高耗能行业实行差别电价政策。

第六，环保收费政策。我国环保收费主要包括排污收费、污水处理收费和垃圾处理收费。(1) 排污费是排污者对环境造成污染的一种补偿，排污费全部是国家预算内资金，全额用于污染防治。由环保开票、银行代收、财政统管的方式进行征收管理和使用。在现行政策中，排污收费已从原来的超标收费改为排污即收费和超标加倍收费并行。收费标准从2003年7月1日起，按国家发展计划委员会、财政部、国家环保总局及经贸委员会第31号令《排污费征收标准管理办法》执行。向大气、海洋、水体排放污染物，工业固体废物，以及噪声均需按有关规定缴纳排污费。(2) 污水处理费是建设部门从自来水价中代收，用于污水处理厂及配套管网的建设，代为处理城市生活污水，为服务性收费。国务院《排污费征收管理使用条例》规定：排污者向城市污水集中处理设施排放污水、缴纳污水处理费用的，不再缴纳排污费。《关于加大污水处理费的征收力度建立城市污水排放和集中处理良性运行机制的通知》(1999，国家计委、建设部、国家环保总局) 对污水处理费的征收、标准的核定原则和权限以及处理费的使用等内容作了规定。(3) 垃圾处理收费：根据《关于实行城市生活垃圾处理收费制度，促进垃圾处理产业化发展的通知》(计价格［2002］872号) 和《关于印发推进城市污水、垃圾处理产业化发展意见的通知》(计投资［2002］1591号) 等文件，我国实行城市垃圾收费制度，在城市范围内产生垃圾的单位和个人，均应缴纳垃圾处理费。目前，污水和垃圾处理费的金额与排放量相关，收费权在地方政府，具体标准由地方政府确定。国家有关部委正着力推进环保收费改革，逐步提高排污费、污水处理费征收标准、全面推行垃圾处理收费的制度。

(五) 信贷政策

循环经济和资源节约已列为国债投资重点。自2004年起，国家发展改革委利用国债资金安排了一批节能、循环经济试点企业、资源节约等方面的重大示范项目，重点流域工业污水治理项目，以及循环经济关键技术的产业化示范项目。

国家通过产业政策、金融政策的配合，引导企业向有利于节约资源能源、保护环境的方向投资。《关于加强固定资产投资项目节能评估和审查工作的通知》（发改投资［2006］2787号）要求“国家发展改革委审批、核准和报请国务院审批、核准的固定资产投资项目，可行性研究报告或项目申请报告必须包括节能分析篇（章）；咨询评估单位的评估报告必须包括对节能分析篇（章）的评估意见；国家发展改革委的批复文件或报国务院的请示文件必须包括对节能分析篇（章）的批复或请示内容。自二〇〇七年二月一日之后报送国家发展改革委审批、核准的项目可行性研究报告和项目申请报告必须按要求编制节能分析篇（章）。否则，国家发展改革委将不予受理”。中国人民银行发布《关于改进和加强节能环保领域金融服务的指导意见》（银发［2007］215号），提出要有针对性地做好有关节能环保领域的金融服务工作，对《产业结构调整指导目录》（2005）中列出的鼓励类投资项目，要从简化贷款手续、完善金融服务的角度，积极给予信贷支持；对淘汰类项目，要从防范信贷风险的角度，停止各类形式的授信，并积极采取措施收回和保护已发放的贷款；对不列入鼓励类、限制类和淘汰类的允许类项目，在按照信贷原则提供信贷支持时，要充分考虑项目的资源节约和环境保护等因素。2007年7月，国家环保总局首次联合人民银行、银监会联合发布《关于落实环保政策法规防范信贷风险的意见》（环发［2007］108号），规定各级环保部门要依法查处未批先建或越级审批，环保设施未与主体工程同时建成、未经环保验收即擅自投产的违法项目，要及时公开查处情况。金融机构要依据环保部门通报情况，严格贷款审批、发放和监督管理，对未通过环评审批或者环保设施验收的新建项目，金融机构不得新增任何形式的授信支持。对于各级环保部门查处的超标排污、超总量排污、未依法取得许可证排污或不按许可证规定排污、未完成限期治理任务的已建项目，金融机构在审查所属企业流动资金贷款申请时，应严格控制贷款。通过绿色信贷机制遏制高耗能高污染产业的盲目扩张。

（六）进出口政策

在出口政策方面，近年来国家出台了一系列调整政策，以抑制外贸出口的过快增长，特别是高耗能、高污染、资源性产品的出口，缓解我国能源、资源和环境的巨大压力。2004 年，财政部、国家税务总局发布《关于停止焦炭和炼焦煤出口退税的紧急通知》（财税明电［2004］3 号），规定对出口焦炭、炼焦煤停止出口退税。2005 年，国家发展改革委等七部委联合发布《关于做好控制高耗能、高污染、资源性产品出口有关配套措施的通知》（发改经贸［2005］1482 号），控制部分高耗能、高污染和资源性产品出口，停止部分高耗能产品出口退税的政策。2006 年 9 月，财政部会同有关部门发布了《关于调整部分商品出口退税率和增补加工贸易禁止类目录的通知》，对部分商品的出口退税政策作了调整。2007 年 6 月 18 日，财政部再次与国家税务总局、国家发展改革委、商务部、海关总署等发布了《财政部国家税务总局关于调低部分商品出口退税率的通知》，规定自 2007 年 7 月 1 日起，再次调整部分商品的出口退税政策。

在进口政策方面，国家规定对列入《国家产业结构调整指导目录》（2005）的鼓励类项目（其中包括符合可持续发展战略要求，有利于安全生产，有利于资源节约和综合利用，有利于新能源和可再生能源开发利用、提高能源效率，有利于保护和改善生态环境的项目），在规定范围内免征进口设备的关税和进口环节增值税。

（七）消费政策

与循环经济相关的针对个人的消费政策较少，仅在少数法规政策中有一些原则性规定。《固体废物污染环境防治法》第 7 条规定“国家鼓励单位和个人购买、使用再生产品和可重复利用产品”。《国务院关于加快发展循环经济的若干意见》（国发 2005［22］号）指出，消费环节要大力倡导有利于节约资源和保护环境的消费方式，鼓励使用能效标识产品、节能节水认证产品和环境标志产品、绿色标志食品和有机标志食品，减少过度包装和一次性用品的使用。国家发展改革委等 17 个部委发布的《节能减排全民行动实施方案》（2007）提出“大力提倡重拎布袋子、菜篮子，自觉选购节能家电、节水器具和高效照明产品，减少待机能耗，拒绝过度包装，使用无磷洗衣粉等”。

此外，针对政府采购节能产品已出台了部分政策。2004 年，财政部、国家发展改革委制定了《节能产品政府采购实施意见》，要求政府机构用财政性资金进行采购的，应当优先采购节能产品，逐步淘汰低能效产品；同时制定了《节能产品政府采购清单》（2004），并于 2005 年和 2006 年分别进行了修改和完善。《国务院关于印发节能减排综合性工作方案的通知》（［国发［2007］15 号]）中，明确提出：“对空调机、计算机、打印机、显示器、复印机等办公设备和照明产品、用水器具，由同等优先采购改为强制采购高效节能、节水、环境标志产品。”2007 年，国务院办公厅颁发了《关于建立政府强制采购节能产品制度的通知》（国办发［2007］51 号），要求建立政府强制采购节能产品制度，在积极推进政府机构优先采购节能（包括节水）产品的基础上，选择部分节能效果显著、性能比较成熟的产品，予以强制采购。

（八）技术政策

我国已将循环经济列入“十一五”重大共性和关键技术研发和产业化专项，并制定和发布了一批节能、节水、资源综合利用和清洁生产的技术政策，主要包括《煤矸石综合利用技术政策要点》（国经贸资源［1999］1005号）、《中国节水技术政策大纲》（国家发展改革委、科技部、水利部、建设部、农业部，2005）、《节能技术大纲》（国家发展改革委、科技部，1996年颁发、2006年修订）、《国家鼓励和发展的资源节约综合利用和环境保护技术目录》（国家发展改革委、科技部、国家环保总局，2005）《汽车产品回收利用技术政策》（国家发展改革委、科技部、国家环保总局，2006）、《国家重点行业清洁生产技术导向目录》（2000、2003和2006，国家发展改革委、国家环保总局）等。

此外，国家环保总局从1999年起，先后颁发了机动车排放污染防治、城市生活垃圾处理及防治、城市污水处理及防治、废电池污染防治等一系列技术政策文件，其中涉及对生活垃圾、污水、铅等资源的再生利用技术政策和鼓励发展油耗低、排放性能好的小排量汽车和微型汽车的技术政策内容等。

在《国家中长期科学和技术发展规划》（2006～2020）中，循环经济的理念贯穿于能源、水和矿产资源以及环境保护等重点领域，节能、节水、加大综合治污与废弃物循环利用成为优先主题。

三、对我国循环经济政策的基本评价

我国与循环经济相关的法规政策众多，发挥了重要的宏观调控作用，促进了我国循环经济的发展。但从总体上看，我国虽然有了一些关于污染预防、资源综合利用的规定，有的环境法律法规中也规定了一些关于循环经济的内容，甚至在一些法律条文中也有发展循环经济的规定，但对全局有重大影响的实质性内容的规定并不是很多。大多数现行的财税、价格、信贷、产业政策出台时并没有以循环经济理念为指导，并不是专门针对促进循环经济的发展而出台。有的政策制定时间较早，已不能适应当前形势的需要；有的政策甚至与循环经济理念背道而驰；有的政策缺失，成为宏观调控的漏洞。具体可概括为如下九个方面。

（一）促进循环经济发展的法律法规体系尚未建立

虽然我国已经制定和修订了部分法律法规，《循环经济法》也正在制定过程中，但循环经济是一项系统工程，仅靠一部《循环经济法》远不能解决循环经济所涉及的所有问题。现行法律有的制定时间较早，如《水污染防治法》（1984 年制定，1996 年第一次修正）、《大气污染防治法》（1987 年制定，1995 年第一次修正，2000 年第二次修正）、《环境影响评价法》（2002 年）等，虽然有源头防止污染的理念，但涉及节约资源能源，提高资源能源利用效率，废物循环利用等与循环经济密切相关的内容较少。某些领域的法律还处于空白，如我国还没有一部有关绿色消费的法律。所以说，我国促进循环经济发展的法律法规体系尚未建立，有关法律亟待完善。

（二）财税政策对促进资源节约和循环利用、抑制资源浪费的力度有限

第一，尚未设立循环经济专项资金。目前，我国设立了清洁生产专项资金和节能技术改造财政奖励资金，而循环经济涉及面广，不仅包括清洁生产和节能，还涉及节约资源、提高资源利用效率、资源综合利用等众多方面，是否有必要设立循环经济专项资金，还是在现有基础上逐步增设其他方面的专项资金，需进一步研究。

第二，增值税对发展循环经济存在抑制作用。首先，现行增值税是按照产品增值部分缴纳税收，循环利用资源的企业原材料成本低，增值部分所占比重较高，因此循环利用资源反而需要交

纳更高比例的税。其次，利用废旧物资进行生产的企业因废旧物资大多是从民间收购，无法取得增值税专用发票，不能进行进项税额抵扣，加重了该类企业的税收负担，不利于资源循环利用。最后，生产型增值税由于对企业购入的固定资产实行不抵扣制度，抑制了企业进行技术改造和设备更新的积极性，客观上阻碍了循环经济的发展。

第三，资源税征收范围窄，调节力度小。我国现行资源税征收范围包括原油、天然气、煤炭、金属矿产、固体盐等资源，目的是调节从事资源开发企业由于资源本身的优劣和地理位置差异而形成的级差收入，属于矿产资源占用税性质。一方面征收范围过窄，如土地、淡水、森林、草原等自然资源没有列入。另一方面，征收税率过低，起不到合理利用资源的作用。不仅如此，由于资源税收入大部分归地方，又是对使用自然资源所获得的收益征税，往往起到了鼓励地方对资源过度开发的作用，反而加剧了生态环境的恶化。

第四，消费税征收范围小，与循环经济发展形势不相适应。我国自 1994 年开始征收消费税，十多年来在引导生产消费方面发挥了积极作用，但在征税范围、税目设置、税率结构等方面也存在与当前循环经济发展形势不相适应的问题。自 2006 年 4 月 1 日起，我国对现行消费税的税目、税率及相关政策进行较大调整，如对木制一次性筷子、实木地板征收消费税，扩大石油制品征税范围；提高大排量汽车的税率，相对减少小排量车的税收负担。这些措施表明了国家正在以税收手段促进环境保护和节约资源，但仍有必要进一步扩大消费税的征收范围，如对电池、塑料包装袋及其他一次性商品征收消费税等。

第五，缺少专门的环境保护税种。我国目前与环境保护有关的税种主要是资源税、消费税、城建税等，零星、分散、缺乏系统性，而且这几项收入合计占税收总额的比重只有 8%左右，达不到运用税收手段保护自然生态环境、促进资源节约利用的预期效果。

（三）资源价格和环保收费偏低，价格形成机制不健全

第一，在我国现行制度和价格体系下，资源价格不能反映资源的价值和资源的稀缺程度。以矿产资源为例，存在的问题主要有：一是矿业企业无偿和有偿取得的“双轨制”并存，极易导致矿山企业私下交易，非法转让、非法承包探矿权采矿权；有些地方仍然沿用旧体制下通过行政审批无偿出让探矿权采矿权的做法，严重阻碍了统一的探矿权采矿权大市场的形成。二是矿产资源税征收税率过低，征收方法不合理，以“产量收费”的政策不仅带来“挑肥拣瘦”、浪费资源问题，而且还加剧了生态破坏和环境污染，助长了不利于资源环境的生产方式和消费模式的存在。三是矿产资源耗竭补贴制度的缺失。矿产资源是一种消耗性资源，耗竭补贴是自然资源工业独有的补贴，美国在1913年最早采用了这种补贴，而我国至今还没有建立该制度。四是矿产资源补偿费征收比率过低，资源税和资源补偿费存在重复征收问题。

第二，缺少支持再生资源回收利用的价格政策。对资源回收企业的政策优惠不明显，造成目前回收废旧资源再生利用往往比开发利用现成的资源成本高，废弃物的资源化利用并未得到相应的发展，在某些方面甚至出现了萎缩。如我国企业一旦使用其他企业的废弃物，如工业废渣、粉煤灰等，原来的废物产生者不仅不付费，而且还要向使用者收费，使资源综合利用企业无利可图，严重挫伤其积极性。

第三，排污收费制度存在诸多问题，企业环境违法成本低。一是排污费标准偏低。根据《排污费征收标准管理办法》(2003)确定的排污费征收标准，仅为污染治理设施运转成本的50%左右，某些项目甚至不到污染治理成本的10%。这必然导致企业宁愿交排污费也不愿进行污染治理。二是超标加倍收费对超标排

放的约束力有限。现行排污收费制度已由原来的超标收费改为排污即收费和超标加倍收费并行，但是在现行排污费标准偏低的情况下，加收一倍的排污费不足以竭止超标排放的现象。由于法定罚款上限低，不足以制裁、震慑和遏制环境违法行为，致使许多企业宁愿选择违法排污并缴纳罚款，导致恶意偷排、故意不正常运转污染防治设施、长期超标排放等持续性环境违法行为大量存在。三是排污收费使用不规范。根据《排污费征收管理使用条例》(2002)，排污费必须纳入财政预算，列入环境保护专项资金进行管理，主要用于重点污染源防治、区域性污染防治、污染防治新技术、新工艺的开发、示范和应用等项目的拨款补助或贷款贴息。但是在一些地方，环保、财政等部门挤占挪用排污费的现象时有发生。

(四) 有利于循环经济发展的产业政策不完善，市场准入制度尚未建立

近年来，我国出台的产业政策已逐步纳入资源节约、环境友好等重要指标，引导产业发展。但目前我国产业政策也存在一些问题：一是仍然保留着计划配置资源的特点，运用最多的是直接管制手段。二是促进循环经济发展的市场准入制度尚未建立。一方面，我国现在已有各种污染物排放标准，但缺乏产品和行业的能耗与物耗标准。另一方面，对于从事资源回收、拆解、再生的企业应有相关行政主管部门的许可证，而目前这方面政策还不是很完善，不少没有能力进行废弃物循环利用的小企业、小作坊从事相关作业，在一些地区造成严重的二次污染。三是中央政府出台的产业政策，在一些地方执行时“走样”，如一些进入淘汰目录名单的产品、技术、工艺仍然在生产或运行；一些高污染的产业，如草浆、小化工等并没有因为“准入”制度而淘汰。

（五）对循环经济发展的资金支持不足，融资渠道有限，绿色信贷机制还未建立

虽然国家已将循环经济和资源节约列为国债投资重点，但总的看来对循环经济的资金支持有限，向社会筹集资金的商业融资手段的作用严重不足或缺位。银行信贷、企业债券等渠道因缺少相关政策和制度扶持，没有发挥应有的作用。尤其是中小企业，往往享受不到优惠政策。此外，我国金融机构和环保部门刚开始探索建立绿色信贷机制，在利用绿色信贷机制遏制高耗能高污染产业盲目扩张方面仍有大量工作可做。

（六）进出口政策需进一步调整

近年来，钢铁、水泥、电解铝、焦炭等行业投资过快增长，产能盲目扩大，钢坯及钢锭、电解铝、铁合金、部分有色金属等高耗能、高污染、资源性产品出口大量增加，加剧了国内能源、原材料、运输紧张的矛盾和资源环境压力。国家出台了一系列政策，控制部分高耗能、高污染和资源性产品出口，取得了一定成效，但这方面的政策相对还比较少，仍需进一步完善和调整。

（七）引导和鼓励公众参与的政策较少

发展循环经济是一项系统的社会工程，需要政府、企业、科技界和社会公众共同参与。目前公众参与循环经济建设的途径有限，有关政策较少，仅在引导绿色消费方面，国家出台了少量政策。而对于公众如何监督企业发展循环经济的情况、行业协会如何参与循环经济发展等方面存在政策上的空白。

（八）技术政策调整相对滞后，技术支撑体系和相关信息平台尚未建立

从科学技术规划上看，我国比较注重高新技术的发展，例如“973”计划、国家重大项目攻关计划、火炬计划等。这些计划中对环境保护和资源开发均有所涉及，但对于资源节约、资源循环利用等方面涉及较少。虽然促进循环经济发展的有关技术政策正在制定和陆续出台过程中，但与循环经济的快速发展形势仍然不适应，导致我国发展循环经济最关键的开采技术、节能技术和资源综合利用技术装备水平不高，开发能力低，动力不足。此外，相关技术推广和信息传播体系尚未建立，企业获取信息的途径不畅，给企业节约能源资源、综合利用废弃物等造成困难，挫伤了企业发展循环经济的积极性。

总之，我国与循环经济相关的法律法规、政策条目众多，涉及面广泛，对促进我国循环经济的发展，转变经济发展方式发挥了积极作用，但是促进我国循环经济发展的政策体系还未建立起来，已成为制约我国循环经济进一步发展的重要因素。

分 报 告 二

构建我国循环经济政策体系的思路与对策

我国促进循环经济发展的财税、价格、信贷、产业、技术等政策尚不健全和完善，难以形成推动循环经济发展的合力，必须站在促进我国经济社会可持续发展的高度，从基本政策、核心政策、相关政策3个层面，重新架构我国循环经济政策体系，引导和规范循环经济的发展，促进资源节约与环境保护。

一、指导思想和基本原则

（一）指导思想

认真贯彻落实科学发展观，以循环经济理念为指导，以提高资源利用效率和减少废弃物排放为目标，从基本政策、核心政策、相关政策3个层面，构建涵盖财税、价格、信贷、进出口、产业、技术等方面的循环经济政策体系，引导和促进循环经济在各层次（国家、省市、园区、企业）、各领域（钢铁、电力等重点行业和废旧金属再生利用、再制造等重点领域）、各环节（源头、过程、末端）顺利展开，促进资源节约利用、能源高效利用、降低污染物排放，建立生态工业、生态农业、生态旅游业等，形成“绿色”产业体系和消费体系，转变经济发展方式，促进资源节约型、环境友好型社会的建立，最终实现可持续发展。

（二）基本原则

1. 坚持贯彻落实《循环经济促进法》的原则

《循环经济促进法》已于2008年8月29日经第十一届全国人民代表大会常务委员会第四次会议审议通过，并于2009年1月1日起实施。该法确立了循环经济发展的基本管理制度和政策框架，对发展循环经济的战略地位、遵循原则、实施原则、基本管理制度、激励措施、法律责任等作出了明确的法律界定，是发展循环经济的基本法律依据。当前，要以该法为依据和原则，综合运用价格、财政、税收、市场准入、政府采购、信贷等经济政策，努力构建引导和推动循环经济发展的政策框架，依法建立合理的激励机制，调动各行业的积极性，鼓励走循环经济的发展道路。

2. 坚持减量化优先、全面贯彻循环经济的3R原则

减量化、再利用、资源化（简称3R）是循环经济的基本原则，也是发展循环经济的基本内容。3R原则要求首先从生产的源头减少物质投入量，提高资源利用效率；在生产过程中提高产品和服务的利用效率，将产品或废物经过简单加工处理，不改变其形态或结构直接利用；在产品消费变成废弃物后，经过加工处理变成再生资源回到生产环节作为原料使用。但3R原则在循环经济中的重要性并不是并列的，西方发达国家发展循环经济一般侧重于废物再生利用，而我国正处于工业化高速发展阶段，能耗物耗过高，资源浪费严重，前端减量化的潜力很大，因此，我国发展循环经济必须坚持减量化优先、全面贯彻3R原则。

3. 坚持服务于循环经济实践的原则

政策是为了引导、规范、推进实践而制定的。目前，我国循环经济的实践主要集中于重点行业、重点领域、产业园区和城市，通过十几年探索，已逐步形成了企业、园区和省市3个层面

的循环经济模式，各个行业还形成了独具特色的产业生态化模式。不仅涉及生产领域，还涉及流通消费领域；不仅涉及工业，还涉及农业、服务业。因此，循环经济政策必须要满足推进这些循环经济实践模式发展的需要，覆盖循环经济涉及的各个领域，以促进循环经济又好又快地发展。

4. 坚持完善薄弱政策和补充缺位政策、加强政策协调性的原则

构建循环经济政策体系，要以现有政策为基础。循环经济是在总结我国经济发展和资源环境保护的实践和借鉴国际先进经验的基础上，继承发展而来的。过去我国在资源综合利用、清洁生产、资源节约、环境保护方面已出台了相当多的法规政策，当前的重点任务是在梳理和整合这些政策的基础上，完善薄弱政策，补充缺位政策，并且要加强新政策与现有政策之间的延续性与协调性。这样才能充分发挥各种政策的作用，不断深化，形成合力，推动循环经济发展。

二、我国循环经济政策体系的基本框架

我国循环经济政策体系可分为 3 个层次，第一层为基本政策，包括对循环发展普遍适用、具有指导性的法律法规、国务院指导性文件、国家重大战略规划等；第二层为核心政策，不仅包括直接促进循环经济发展的财税、价格、金融、贸易、产业政策，还包括科技政策、评价考核政策、宣传教育政策；第三层为相关政策，即一切有利于资源节约和环境保护的政策。每一个层次的政策都涉及循环经济的减量化、再利用、资源化 3 个方面，以及生产、流通和消费 3 个领域，包括了节能、节水、节地、节材，以及资源回收、再生、循环利用等内容。前两个层次是循环经济政策体系的核心，第三个层次调节一切与资源环境相关的经

济活动，三个层次有机结合，建立起以企业为主体，政府调控、市场引导、公众参与相结合的发展机制，为循环经济发展创造有利于的市场经济环境。我国循环经济政策体系的基本框架如图1所示。

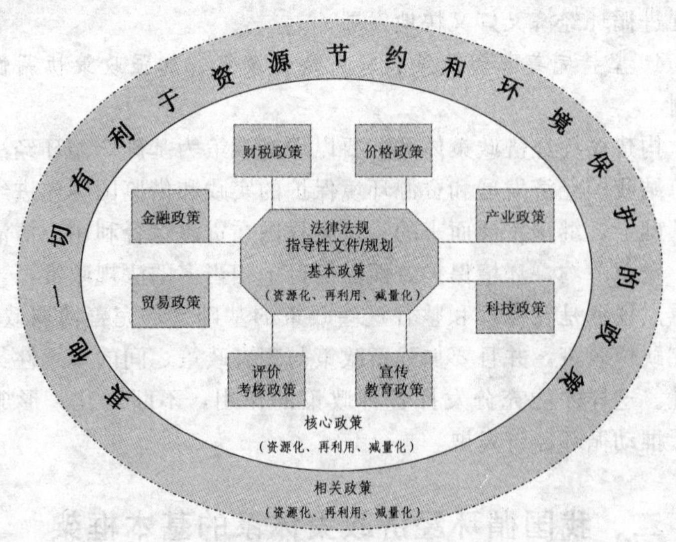

图1　我国循环经济政策体系的基本框架

（一）基本政策：促进循环经济发展的法律法规、指导性文件、国家重大战略规划

基本政策是促进循环经济发展的最根本的、具有普遍适用性的、超越传统经济政策和资源环境政策的综合性政策，体现了经济发展与资源环境保护发展到一定阶段后的有机融合，以资源保障经济发展、以环境优化经济发展，以经济发展成果进一步促进资源节约和环境保护。基本政策确定循环经济在经济发展中的战略地位，提出发展循环经济的基本管理制度、总体目标、重点内容、实现途径、激励措施和实施步骤等，以便用循环经济理念、

原则指导经济社会发展，是循环经济配套政策制定的依据和准则。❶

目前，我国循环经济基本政策主要包括《中华人民共和国循环经济促进法》、《国务院关于加快发展循环经济的若干意见》、《国务院关于做好建设节约型社会近期重点工作的通知》、《国务院关于印发节能减排综合性工作方案的通知》等政策法规。《循环经济促进法》是发展循环经济的基本法律依据，也是制定和完善促进循环经济发展的配套政策法规的指南。

（二）核心政策：促进循环经济发展的经济政策、科技政策、评价考核政策

核心政策是指为循环经济创造良好的制度环境，支撑和保障循环经济在社会生活各领域全面发展的经济政策、科技政策和考核评价政策。经济政策包括财政、税收、价格、信贷、进出口、产业政策等。其中，产业政策既包括传统的产业结构政策、产业组织政策和产业布局政策，还包括以循环经济理念指导产业发展的政策，涉及生态工业、生态农业、静脉产业❷、环保产业等政策。科技政策指支持资源节约、能源梯级利用、废弃物循环利用的关键技术、清洁能源技术发展的政策。评价考核政策主要指以循环经济评价指标体系或绿色国民经济核算（即绿色 GDP）为

❶ 任勇、李华友、周国梅等："我国发展循环经济的政策与法律体系探讨"，载《中国人口·资源与环境》，2005，15（5）。

❷ 在日本，人们把将废弃物转换为再生资源的企业形象地归入"静脉产业"，因为这些企业能使生活和工业垃圾变废为宝、循环利用，如同将含有较多二氧化碳的血液送回心脏的静脉。在我国，静脉产业主要包括：产业废物的再利用和资源化，即在矿产资源开采过程中对共生、伴生矿进行合理利用，对生产过程中产生的废渣、废水（液）、废气、余热、余压等进行回收和合理利用；流通、消费后废物的再利用和资源化，即对社会生产和消费过程中产生的各种废旧物资进行回收和再生利用。

依据，将资源环境约束性指标纳入领导干部政绩考核的政策。这些配套支持政策通过对循环经济在生产、流通和消费等过程中进行的减量化、再利用、资源化活动的激励和约束，以及对领导干部的科学考评，为循环经济发展创造良好的市场环境，形成发展循环经济的长效机制。

（三）相关政策：一切有利于资源节约和环境保护的政策

循环经济相关政策是指一切有利于资源节约和环境保护，对发展循环经济有促进作用的政策，如能源、矿产资源、水资源开发政策，环境保护政策、生态建设政策等。其中，较为重要的政策是环境污染的治理和监管，包括环境影响评价、污染物总量控制、排污收费、对环境违法行为的惩治等。这些政策和手段的完善可以提高企业的环境违法成本，促使企业从排污转向节约资源、循环利用资源，减少污染物的排放，为企业发展循环经济提供一个公平的竞争起跑线。同样，资源能源的开发政策也与循环经济关系较为密切，要落实在“开发中保护、在保护中开发”的原则，需要依靠发展循环经济来实现；资源能源开发政策如果设计不当，也可能制约循环经济的发展。

三、建立健全我国循环经济政策体系的对策建议

根据上述循环经济政策体系框架，目前应尽快贯彻落实《循环经济促进法》，重点制定和完善促进循环经济发展的财政、税收、价格、信贷、产业、科技创新、评价考核政策，并注重各种政策的协调与一致，形成促进循环经济发展的激励机制和约束机制。

（一）加快资源环境价格改革，建立有利于循环经济发展的市场价格机制

价格机制是市场机制的核心，科学的资源价格形成机制对促进资源合理配置具有重要作用。当前我国资源和环境约束的矛盾日益突出，重要原因之一就是我国的资源环境成本没有得到体现，资源环境价格偏低，既没有反映资源的稀缺程度，也没有反映环境治理成本和资源枯竭后的退出成本。必须加快推进资源性产品价格改革，同时降低废弃物再生利用成本，使得初始资源和对环境污染较为严重的产品变得相对昂贵，有利于资源节约和环境保护的产品变得相对便宜，这样一种价格体系将会极大地促进资源节约使用、废弃物循环利用，保护环境。[1]

1. 推进资源性产品价格改革，提高价格水平

在明晰资源产权的基础上，全面推进水价改革，加快推进成品油和天然气价格改革，完善煤炭成本构成，积极推进电价改革，建立反映市场供求关系、资源稀缺程度、环境损害成本的生产要素和资源价格形成机制，向市场发出正确的价格信号，促进企业在“减量化、再利用、资源化”中寻求各种资源使用的最佳替代效应。主要包括：(1) 扩大水资源费征收范围，提高水资源费征收标准；逐步提高农业用水价格；合理提高水利工程和城市供水价格。(2) 将上网电价由政府制定逐步过渡到由市场竞争形成；改进和规范输配电价格管理办法；改革销售电价的分类和结构。(3) 推进以完善石油价格形成机制、调节利益分配为中心的综合配套改革。(4) 进一步建立市场化的煤炭价格形成机制，政府逐步淡化对煤炭价格形成的干预；研究建立科学的成本核算体

[1] 齐建国、尤完、杨涛：《现代循环经济理论与运行机制》，新华出版社 2006 年版，第 270 页。

系，全面反映煤炭资源成本、生产成本和环境成本。(5) 严格控制行政划拨用地范围，扩大经营性用地招标、拍卖、挂牌方式出让的范围，减少协议出让土地的数量。改革征地补偿办法，切实保障农民的土地权益。❶

2. 提高排污收费标准，建立生态补偿机制

环境资源是一种公共物品，环境污染与破坏具有很强的负外部性，污染者及破坏者所承担的成本远小于社会承担的成本，而环境保护则具有很强的正外部性，保护者所获得的利益小于社会的收益。因此，必须完善排污收费制度，建立生态补偿机制，使环境外部成本内部化，从而把循环利用废弃物转变为企业降低环境使用成本的一个经济途径，激励企业发展循环经济。主要包括：全面实施污水和城市垃圾处理收费制度，改进城市垃圾处理费的征收方式，提高收缴率。逐步推行排污权交易价格制度改革，将排污指标“价格化”。加快建立和完善资源有偿使用和生态补偿收费政策，按照“谁开发谁保护，谁利用谁补偿”的原则，研究建立环境治理、生态恢复责任机制和费用补偿机制。

3. 完善支持废物循环利用的政策，降低废物利用成本

对废弃物进行回收、再生、循环利用往往涉及复杂的技术处理过程，需要较高的成本投入。在资源价格和环境污染排放成本均较低的情况下，企业并没有进行废弃物循环利用的动力；或者为了降低成本，采用落后的工艺、设备进行简单的拆解、回收和利用，造成二次污染。因此，为了促进废弃物的循环利用，必须在提高资源价格和污染排放成本的同时，通过直接投资、补贴、税收优惠、技术研发支持、融资条件优惠等措施，对资源综合利用企业进行支持，提高企业利用废弃物的积极性。

❶ 马凯：“积极稳妥地推进资源性产品价格改革”，载《求是》2005 年第 24 期，第 6～7 页。

（二）完善财税政策，鼓励资源节约和高效利用，抑制资源浪费和环境污染

1. 调整财政支出政策

首先，确定财政支出对循环经济支持的重点，增加财政投入。对循环经济政策研究、技术研发与推广、循环经济重点项目、与循环经济相关的公共设施建设（如循环经济试点区域的电网、污水处理厂及配套管网、供排水管网，周边的公路、桥梁等）方面给予资金支持。

其次，加大国债资金对发展循环经济的支持。在对第一批国家循环经济试点单位进行国债资金支持的基础上，继续加大对第二批循环经济试点企业的重大示范项目和循环经济关键技术的产业化示范项目的支持力度。

第三，提高政府绿色采购占财政支出中的比重。在强制采购节能产品制度和优先采购环境标志产品的基础上，进一步扩大政府绿色采购的范围，提高政府绿色采购比重。通过政府优先采购节能、节水、低排放的产品和再生资源产品，影响社会团体和公众的绿色消费行为，引导企业采用清洁生产工艺，鼓励企业生产可回收、低污染的产品。

2. 加大财政补贴

全面清理各种补贴政策，取消不利于资源节约和环境友好的补贴政策；加大对循环经济企业的补贴，如采取物价补贴、企业亏损补贴、财政贴息、税前还贷等，对企业在生产经营过程中使用的无污染或减少污染的机器设备实行加速折旧制度，以提高企业发展循环经济的积极性。

3. 调整和完善税收政策

第一，改革资源税。（1）适当扩大资源税征收范围。在现行资源税的基础上，将土地资源、水资源、动物资源、植物资源和

海洋资源等自然资源都列入资源税的征收范围。(2) 实行从价和从量相结合的计征方法，完善资源税计征办法，实行从价和从量相结合的计征方法。(3) 实行税种、税费合并。将土地使用税、耕地占用税、土地增值税等并入资源税，并将各类资源性收费如矿产资源管理费、林业补偿费、育林基金林政保护费、电力基金、水资源费、渔业资源费等也并入资源税。(4) 加大对资源回收利用、开发利用替代资源的税收优惠政策。

第二，进一步完善消费税。扩大消费税的征收范围，尤其应把资源消耗量大的消费品，如一次性生活用品、高档建材、高档家具等列入征税范围。塑料制品、电池等列入消费税的征收范围。设计差别税率，对能耗高、环境不友好的消费品征收较高的消费税，抑制不合理消费；对资源消耗量小、利用再生资源生产的产品和环境污染小的产品，征收较低的消费税或者给予税收减免。

第三，建立绿色关税体系。调整进出口税收政策，控制国内紧缺资源和高耗能、高排放、资源性产品出口；鼓励国内紧缺资源和有利于资源节约和综合利用、提高能源效率、保护和改善生态环境的设备进口。建立绿色关税体系，可以有效保护可能用竭的国内资源，改善我国进出口结构和质量，为循环经济发展创造良好的对外贸易环境。

（三）调整金融政策，疏通循环经济发展的融资渠道

1. 加大国家政策性银行对循环经济的资金支持

由于许多循环经济项目建设周期长、投资大，具有较大的风险，商业性银行不愿或不易介入，财政机制也不可能完全解决，必须充分利用现有政策性银行，主要是国家开发银行的优势，来强化对循环经济的资金支持，帮助相关市场体制的形成。主要包括：一是支持与循环经济中的环境、资源等问题相关的基础设施

建设融资；二是利用政策性金融活动来影响循环经济在农村部门的发展，促使农业经济效益、生态效益和社会效益的全面提高；三是利用低成本的政策性资金来支持发展循环经济的中小企业融资，通过优先贷款、低息贷款、贴息贷款、无息贷款、延长贷款周期等渠道给予企业在资金上的支持。

2. 设立循环经济专项资金

整合现有的清洁生产专项资金、可再生能源专项基金、散装水泥专项资金和其他有关专项资金，进一步扩大扩大支持范围，加大支持力度，提高各种资金的使用效率，支持循环经济发展。在具体运作中，应颁布比较详细的促进循环经济发展的政策清单，规定明确的优先发展领域和产品目录。

3. 建立有利于循环经济发展的商业银行间接融资体系

依靠现有商业银行体系对与循环经济相关企业给予支持和约束。商业银行根据各地方的循环经济发展特点，制定不同的贷款政策贷款。企业贷款可通过地方政府的中小企业发展机构来委托贷款，也可根据情况进行直接贷款。此外，也可考虑建立专门的中小企业发展银行，对与循环经济相关的中小企业获取外部资金提供其他支持。

商业银行在为循环经济发展提供信贷支持时，应做到如下几点：一是严格把握新增贷款投向，应把节能降耗、资源循环利用、污染物排放等指标纳入贷款审批体系，推进“绿色信贷”建设；二是充分发挥自身引导资源配置的优势，优化存量信贷结构，将有限的资金配置到支持循环经济发展上来；三是实行差别利率政策，引导和调控市场主体的行为，鼓励各行业和企业大力开发应用与循环经济相关的技术和设备；四是建立动态跟踪机制，全过程评价和风险监控，确保信贷资金投入到支持循环经济发展的项目。

4. 探索建立企业债券市场

支持循环经济试点企业在国内外资本市场上市融资，放宽企业债券发行额度限制。降低对企业净资产盈利能力要求，允许企业采取多种担保方式，发行债券进行融资。

（四）调整产业政策，形成节约资源、环境友好的产业体系

1. 结合主体功能区划规划，优化产业布局

按照全国主体功能区划规划，根据资源环境承载能力、现有开发密度和发展潜力，国土空间划分为优化开发、重点开发、限制开发和禁止开发四类主体功能区。结合主体功能区划的要求，在不同功能区实行不同的区域政策和产业政策，优化产业布局，探索建立与主体功能区划相适应的循环经济发展模式，促进资源合理开发和保护生态环境。

2. 严格市场准入，加大淘汰落后产能力度

制定和完善相关标准，严格市场准入，淘汰落后产能。按照“管住增量、调整存量、上大压小、扶优汰劣”的思路，对电力、钢铁、化工、焦炭、电石、铁合金、建材、造纸、水泥等重点行业实行更加严格的市场准入条件。严格执行新开工项目管理规定，强化用地审查、节能评估审查、环境影响评价，加强项目统计和信息管理，实行项目公告制度。继续对重点高能耗行业实行差别电价政策，制止高耗能、高污染产业盲目投资和低水平重复建设。制定鼓励、限制和淘汰的技术、工艺、设备和产品名录，坚决关停并转小火电、小煤窑、小钢铁、小化工、小水泥、小建材、小造纸等，从源头上节约能源、减少污染。

3. 贯彻落实循环经济理念，建立生态产业

首先，对于工业而言，产业政策要促进现有产业的“绿化”，

也就是运用工业生态学❶的理念来改造现行的工业系统，大力发展生态工业。在企业内部，建立重点企业的强制性清洁生产审核制度，促进资源节约和循环利用，减少有毒有害材料的使用；在园区层面，促进企业在空间上的集聚规模效应，引导各产业有机链接，开展生态工业设计和生态工业园区建设。对于农业而言，要鼓励发展生态农业，如稻田养鱼、养萍，林粮、林果、林药间作的主体农业模式，农、林、牧结合，粮、桑、渔结合，种、养、加结合等复合生态系统模式等，减少对环境有害的化肥和农药的用量，增加有机肥的投入等。对于旅游业，要根据旅游地区的资源承载力，合理开发旅游资源，控制旅游人数，严禁破坏当地文物和自然景观，以保护自然环境和维护当地人民生活。

其次，规范和引导静脉产业的发展，如制定静脉产业的行业准入标准和技术标准，防止二次污染；严格控制进口废弃物，防止“洋垃圾”向国内转移；借鉴日本等发达国家的经验，建立电子废弃物产业园区，尽快改变电子废弃物再生利用产业布局分散、小企业多、工艺技术落后的现状，促进产业升级。

第三，要制定系统的环保产业政策，❷引导环保企业向集团化、规模化发展，走高技术、集约化经营之路，并逐步培育出一批环保产业骨干企业（集团）和产业基地，使之成为支撑我国环

---

❶　工业生态学是生态工业的理论基础。1989 年 9 月美国通用公司的研究部副总裁 Robert Frosch 和负责发动机研究的 Nicolas Gallopoulos 在《科学美国人》杂志上发表题为《可持续工业发展战略》的文章正式提出了工业生态学的概念。工业生态学把整个工业系统作为一个生态系统来看待，认为工业系统中的物质、能源和信息的流动与储存不是孤立的简单叠加关系，而是可以像在自然生态系统中那样循环运行，它们之间相互依赖、相互作用、相互影响，形成复杂的、相互连接的网络系统。

❷　一般来说，环保产业主要包括 3 大领域：一是环保技术与装备、环保材料和环保药剂；二是资源综合利用；三是环境服务。此处，指除资源综合利用以外的领域。

保产业的核心和中坚力量。

（五）鼓励循环经济技术的研发、推广和应用

一是大力支持循环经济关键技术和共性技术的研究开发和产业化示范，加快新技术、新设备、新材料的推广应用。鼓励资源节约和替代技术、能量梯级利用技术、废物再生利用技术、产业链接技术、污染防治技术；研究不同企业、不同产品之间的链接技术以及生态产业园区的优化设计技术，建立企业共生网络和生态工业集成系统的技术等。明确政府、企业、科研机构等作为技术行为主体所起的作用，指导相关技术的传播应用并制定严格的技术实施标准。

二是鼓励先进技术引进和利用。通过补贴、税收减免、抵扣等政策支持和鼓励企业积极引进国外先进的循环经济技术，支持和鼓励企业进行技术改造。

三是积极支持建立循环经济信息系统和技术咨询服务体系，及时向社会发布有关循环经济的技术、管理和政策等方面的信息，开展信息咨询、技术推广、宣传培训等，引导企业实现相互间的经验交流和信息共享，为循环经济的发展提供平台。

（六）完善环保政策，形成环保倒逼机制

除了利用财税优惠政策，激励企业发展循环经济以外，还应实行更加严格的环境标准，形成强有力的倒逼机制，促使企业不得不考虑通过清洁生产、资源综合利用等各种措施来减少污染排放，降低环保成本。为此，要重点做好以下几点。

1. 严格环境准入标准

对不符合环保准入要求的项目严格把关，控制“两高一资”项目和产能过剩行业过快增长。从规划选址、资源消耗、环境容量等方面，提高建设项目环保准入门槛。强化建设项目竣工环保

验收，必须严格检查各项环保措施是否满足环评审批要求，必须做到“三同时”[1]，对建设项目为经验收擅自投运、久拖不验、超期试生产等违法行为，要依法严肃处理。对主要污染物未达标大量排放的排污单位依法实施污染减排限期治理，在限期治理期间实行限产限排，在限期内未完成治理任务的责令其停业、关闭；对超环境容量、超排污总量、执行关停淘汰政策不到位的地区，实行“区域限批”。引导企业进行成本收益比较，鼓励企业通过购买排污权、开展技术创新、改进生产工艺等途径，选择有利于保护环境的生产行为。

2. 加强环保基础能力建设

一是进一步加快环境统计能力建设步伐，配备专职统计人员，加强污染减排统计人员的专业培训，不断提高环境统计数据储存、传输和共享的信息化水平。二是加强环境监测体系建设。逐步建成组织网络化、管理程序化、技术规范化、方法标准化、监测自动化、质控系统化的现代化环境监测体系。建立环境质量预警预报系统和环境污染应急事件的快速反应系统。三是加强环境监察能力建设。以加强基层环境监察能力为重点，通过充实监察人员、完善执法装备、发动公众参与等方式，不断提高执法水平，增强快速反应能力。四是加快城镇污水处理厂及配套管网、燃煤机组脱硫设施等环保基础设施建设步伐。

3. 完善信息披露制度，促进公众参与

充分发挥非政府组织、新闻媒体、普通大众的监督作用，对企业的环境违法行为和政府政务进行监督。明确公民与非官方组织的法律地位，明确其在环境争议中的权力。加强环境信息披露，使公众了解国家环保政策、环境状况和企业的环境信息。通

[1] “三同时”制度，指新建、改建、扩建项目和技术改造项目以及区域性开发建设项目的污染治理设施必须与主体工程同时设计、同时施工、同时投产的制度。

过网站、热线电话、公众信箱、开展社会调查或环境信访等途径，拓宽公众参与渠道。充分发挥新闻媒介的舆论监督和导向作用，提高广大公众积极参与环境保护的积极性和责任感；监督有关部门依法行政。

（七）出台循环经济评价考核政策，建立新型政绩考核体系

在当前的政绩考核体系中，经济发展指标所占比重过大，许多部门和地方政府以GDP为主导的发展观仍然没有从根本上改变。不少地方为抓"政绩"，片面追求GDP增长率，导致资源消耗高、利用率低，污染严重，经济发展方式粗放。建立循环经济评价考核制度，有助于推动解决单纯以GDP指标来衡量各地经济发展水平的弊端，改变"唯GDP至上"的发展惯性，形成新型政绩观和科学规范的考评机制。

这方面的改革已经逐渐展开：《国务院关于印发节能减排综合性工作方案的通知》（国发［2007］15号）明确指出"要把节能减排指标完成情况纳入各地经济社会发展综合评价体系，作为政府领导干部综合考核评价和企业负责人业绩考核的重要内容，实行'一票否决'制"。2007年6月，国家发展改革委会同国家环保总局、国家统计局等有关部门编制出台了循环经济评价指标体系；《循环经济促进法》进一步规定要将主要评价指标完成情况作为对地方人民政府及其负责人考核评价的内容。另一方面，国家环保总局和国家统计局于2005年在10个省市启动了以环境核算和污染经济损失调查为内容的绿色GDP试点工作，以期能逐步改变政府的经济行为、管理方式和政绩考核。

鉴于各方面都在积极探索，建议分三步走，逐步完善循环经济评价考核制度，建立新型政绩考核体系。第一步，切实落实将节能减排两个约束性指标纳入政绩考核工作；第二步，逐步扩大

指标范围，将循环经济指标体系中的其他重要指标，如主要矿产资源产出率、单位国内生产总值取水量、资源综合利用指标等纳入综合评价和考核范畴；第三步，在绿色 GDP 核算与试点较为成熟的基础上，最终将绿色 GDP 作为经济社会发展综合评价和政府领导干部综合考核评价的依据。

分 报 告 三

环境成本与资源性产品定价机制研究

我国资源性产品价格偏低，没有充分反映环境成本，是造成资源浪费、环境污染、生态破坏的重要原因。党的“十七大”报告明确提出要“进一步完善反映市场供求、资源稀缺程度、环境损害成本的生产要素和资源价格形成机制，尽快理顺重要产品价格关系，更好地发挥价格杠杆在资源配置和经济运行中的调节作用”。将环境成本反映在资源性产品价格形成机制中，实现环境成本内部化，对促进资源节约型、环境友好型社会的建设具有重要意义。

一、导言

（一）环境成本及资源性产品的内涵

为了厘清环境成本与资源性产品价格的关系，有必要先对有关概念进行说明。

1. 环境成本的基本概念及构成

环境成本是指为维护环境质量而支付的污染控制费用和污染造成的社会损害费用的总和。污染控制费用包括防治和消除污染所支付的各种治理费用和环境管理、环境监测等所支付的费用。社会损害费用包括环境受到污染和生态平衡遭到破坏对社会造成的各种经济损失，以及为避免污染危害而采取防护措施的费用。也有学者将环境成本定义为“在某一项商品生产活动中，从资源开采、生产、运输、使用、回收到处理，解决环境污染和生态破坏所需的全部费用”。

环境成本包括企业环境成本和外部环境成本。1999 年，联合国讨论通过的《环境会计和财务报告的立场公告》提出，“环境成本是指本着对环境负责的原则，为管理企业活动对环境造成的影响而被要求采取的措施成本，以及因企业执行环境目标和要求所付出的其他成本。”可以看出，该公告所指环境成本即为企业环境成本。外部环境成本是指那些由企业经济活动所引起但尚不能精确计量，并由于各种原因而未由本企业承担，从而导致社会成本大于私人成本的部分，如资源耗减、环境降级等。

外部环境成本内部化（通常简称“环境成本内部化”）是将环境成本作为生产者成本的一部分计入产品的总成本，使产品价格反映包括环境成本的生产经营活动所造成的全部代价，从而消除生产对环境的外部性影响，使市场价格真正成为配置资源的有效手段。

由于“环境成本”一词经常与环境污染、生态破坏紧密联系在一起，一般来说，新闻媒体及学术研究文献中通常所指的“环境成本”即为“外部环境成本”，而对于企业环境成本仅在企业环境成本核算、企业环境会计等研究领域才被专门提及。因此，人们往往关注于外部环境成本的评估及外部环境成本的内部化，而对企业环境成本的核算并不多。笔者认为，要将环境成本反映在资源性产品定价机制中，不但涉及外部环境成本内部化问题，还涉及内部化的这部分环境成本（即企业环境成本）是如何反映在产品定价机制中的。这样我们才能真正理顺资源性产品价格形成机制，使价格充分反映资源的稀缺程度、供求关系和环境成本。

2. 资源性产品价格的基本概念

资源性产品是主要以自然资源为载体的产品，指资源被开采或加工后形成的产品。资源是资源性产品赖以生产的基础。经过人类劳动，开采出的石油、煤炭、矿物等是资源性产品。对于一个地方来说，基础性的自然资源如土地、矿藏、水、气候基本上是天然形成的，资源性产品却是通过贸易可以获得的。资源性产品价格是指资源被开采、简单加工后形成的产品的价格，包括产品的各种成本＋各种收益。受我国政府价格管制的重要资源性产品有水、煤、石油、天然气、电、土地，是当前价格改革的重点。

环境成本是资源性产品价格的重要组成部分，是环境价值在资源性产品价格中的体现。如果进行资源开发，资源存在时所具有的环境价值就可能部分或全部消失，这就要求其开发利用者对破坏生态环境的行为进行补偿，使自然资源开发与利用的外部环境成本内部化。

（二）研究背景及意义

资源大规模、快速地开发与利用为我国经济的快速发展奠定了基础，同时高开采、高投入、低利用、高排放的粗放型经济发展方式对生态环境造成了巨大破坏。例如，矿业生产大面积占地，土地、森林、草地、水资源遭到破坏和污染；矿区原有的地形、地貌和自然景观遭到破坏，留下荒芜的采矿场或塌陷的采空区；导致沙漠化和水土流失；“三废”（废渣、废液、废气）治理不足，污染矿山周边环境等。据世界银行及国内有关研究表明，我国每年因污染造成的损失约占 GDP 的 3％～10％。我国二氧化碳排放量居世界第二位，并还在迅速增长，受到的国际压力越来越大。可见，资源的不合理开发与利用，不仅造成了严重的生态环境问题，而且已经影响到我国经济的可持续发展。

由于资源的生态环境功能具有公共物品属性，资源开发与利用存在很强的外部性，企业在生产过程将本应由其承担的环境成本转嫁给社会，由全社会共同承担，而在其产品价格中却没有充分体现环境成本。当前，资源性产品价格形成机制扭曲，价格整体偏低，是造成资源浪费、环境污染、生态破坏的重要原因之一。因此，合理地确定资源开发利用过程中污染和破坏生态环境的全部社会成本，并使其在资源性产品价格中体现出来，是使用经济手段解决环境问题的治本之策，也就是要使企业的外部环境成本由企业自己承担，即环境成本内部化。从循环经济视角来看，资源开发与利用过程中的环境成本内部化需要通过重构资源价格体系来实现，包括对资源的初次利用、再生及循环利用、废弃物处理等全生命周期过程的价格调整，用价格杠杆来引导资源开发与利用者节约资源与保护生态环境。

面对国内严峻的资源环境形势及国际社会“中国环境威胁论”的压力，我国高度重视资源环境问题，把资源节约与环境保护作为基本国策，把发展循环经济作为转变经济发展方式，建设资源节约型、环境友好型社会的重要途径之一。资源性产品价格改革作为发展循环经济的重要领域，近年来逐渐成为国内关注的热点问题。水、电、煤炭、天然气、石油等资源性产品的价格改革在我国相对滞后，这些资源性产品价格不能完全反映资源的稀缺程度和资源开发与利用中的环境成本，影响我国经济的可持续发展。2006 年，由国家发展和改革委员会价格司起草的《关于深化价格改革促进资源节约和环境保护的意见》（征求意见稿）提出，把环境治理成本和资源枯竭后的退出成本计入石油、天然气、水、电、煤炭和土地等产品的定价中。2007 年，国务院发布的《关于促进资源型城市可持续发展的若干意见》（国发[2007] 38 号）中提出：“要加快资源价格改革步伐，逐步形成能够反映资源稀缺程度、市场供求关系、环境治理与生态修复成本的资源性产品价格形成机制。科学制定资源性产品成本的财务核算办法。”党的“十七大”报告也明确提出要“进一步完善反映市场供求、资源稀缺程度、环境损害成本的生产要素和资源价格形成机制，尽快理顺重要产品价格关系，更好地发挥价格杠杆在资源配置和经济运行中的调节作用”。可见，在资源性产品价格中反映环境成本已成为当前价格改革的重要目标，是我国解决资源环境问题，建设资源节约型、环境友好型社会的重要突破口。

（三）环境成本相关文献评述

环境成本的评估与核算是指对经济发展所付出的环境成本进行计量及财务核算，定量衡量经济发展的环境损失、生态破坏的代价。这方面的研究主要包括绿色国民经济核算（绿色 GDP）；对不同层面、不同方面的环境污染和生态破坏经济损失研究；把环境成本纳入企业财务核算体系的研究（环境会计）。目前，直接针对资源性产品价格中如何反映环境成本的研究成果几乎处于空白，但已有的研究成果为建立反映环境成本的资源性产品价格形成机制奠定了基础。

1. 我国经济发展的外部环境成本评估

我国经济的快速发展带来严峻的环境问题，经济发展所付出的环境代价巨大。原国家环保总局和国家统计局发布的《中国绿色国民经济核算研究报告 2004》显示，2004 年我国因环境污染造成的经济损失为 5 118 亿元，占当年 GDP 的 3.05%。其中，水污染的环境成本为 2 862.8 亿元，大气污染的环境成本为 2 198.0 亿元，固体废物和污染事故造成的经济损失 57.4 亿元。世界银行估算的结果显示，中国空气和水污染每年损耗国内生产总值（GDP）的将近 6%，每年 GDP 的 8%～13%都在支付环境成本。此外，各地对本地区的环境成本也进行了大量的实例研究。如山东省环境监测中心站王桂勋等研究表明，山东省2000～2005年的环境成本占GDP的比例在8.0%～8.7%。

2. 资源开发与利用中的外部环境成本评估

资源开发与利用过程中所产生的环境污染和生态破坏成本在资源性产品价格中没有得到充分体现。根据山西省有关部门的研究结果表明，2003年山西省煤炭工业环境污染和生态破坏的损失为289.5亿元，约占2003年全省GDP的11.5%，折合吨煤的损失平均为64.38元，约占煤炭2004年出省平均价格的28%。中国环境科学研究院李勇通过对晋陕蒙区和淮南煤炭资源开发所造成的生态环境破坏的研究表明，对晋陕蒙地区生态恢复每年需要投入的费用为95 453～127 148万，需征收9.5～12.8元/吨的生态补偿费；淮南矿业集团每年为生态恢复和居民损失补偿所需费用总计为27 558.01～32 103.02元，需提取每吨9.5～11元的生态补偿费，约占该企业当年煤炭售价的3.3%～3.8%。

3. 企业内部环境成本的核算

我国对企业内部环境成本的确认有两种方式：一是企业在生产经营过程中，为了达到国家境标准而发生的费用支出，现在我国的环境标准有环境质量标准、污染排放标准、环境样品标准、环保方法标准等。企业要达到这些标准，就必然要投资环保设备，进行运作，发生费用支出，形成环境成本；二是国家为保护环境实施经济调节手段，使企业所发生的环境成本费用支出。例如：对企业排污征收的排污费，征收矿山环境恢复治理保证金、生态补偿费等。

由于我国尚未建立环境会计制度，企业的环境成本并未纳入企业会计核算体系中，目前关于环境会计的研究集中于对企业环境成本的确认、计量等方法上的研究，进而对企业应该负担的环境成本（外部环境成本）进行估算，但对企业实际支付的环境成本（内部环境成本）进行定量计算的很少，要确切地了解企业内部环境成本较为困难。根据西安交通大学王利华对榆林市矿山企业内部环境成本的调研，占内部环境成本份额比较大的是保洁费和排污费，两者合计约占企业内部环境成本的60％～70％，但数额非常小，每吨煤炭支付的排污费仅占煤炭销售价格的0.02％左右。而根据同济大学濮津的研究结果则表明，环境成本在煤炭产品成本中的比例较高，占原煤成本的14 ％～18 ％。

二、环境成本纳入资源性产品定价机制的理论基础

随着经济的快速发展，资源枯竭、环境污染问题日益严重，使人们认识到不但煤炭、石油、天然气、水等传统自然资源呈现出稀缺性特点，环境作为一种资源也呈现出了稀缺性特点，同样具有价值和价格。外部性理论及环境与资源价值理论为环境成本的评估奠定了基础，使环境成本纳入资源性产品定价机制成为可能。

（一）外部性理论

外部性就是一个经济当事人对他人福利施加的一种未在市场交易中反映出来的影响。外部性分为外部不经济性和外部经济性。正外部性是某个经济行为个体的活动使他人或社会受益，而受益者无须花费代价，负外部性是某个经济行为个体的活动使他人或社会受损，而造成外部不经济的人却没有为此承担成本。外部性会对资源配置效率造成损害，达不到帕累托最优状态。环境污染是负外部性的典型例子。由于负外部性的存在，使污染物过度排放，生产过程有污染的产品过度生产。生态林建设等环境保护行为具有正外部性。由于正外部性的存在，使环境保护产品供

给严重不足。因此，在生产和消费活动中外部性的存在，是环境问题产生的根本原因。

解决外部性问题的办法通常分为三大类：

一是征税与补贴，即庇古税。对负外部性征收税负，正外部性给予补贴。征税可以抑制产生负外部性的经济活动；补贴可以激励产生正外部性的经济活动。庇古手段侧重于用政府干预的方式来解决环境资源生产与消费中出现的外部性问题。只要政府采取措施使得私人成本和私人利益与相应的社会成本和社会利益相等，则资源配置便可达到帕累托最优状态。

二是规定财产权的办法，即科斯手段。科斯手段侧重于利用市场机制解决环境资源生产与消费中的外部性问题。科斯认为只要市场交易费用为零，无论产权属于何方，通过协商、交易的途径都可以达到同样的最佳效果；如果交易费用不为零，就可以通过产权结构的界定与明晰以及经济组织形式的选择，实现外部性内部化，来提高资源的配置效率，达到帕累托最优状态。

三是企业合并。如果一个企业的生产影响到另一个企业，可以把两个企业合并为一个企业，则外部性影响就“消失”了，即被“内部化”了。合并后的企业其私人成本与收益与社会成本与收益相等，从而使资源配置达到帕累托最优状态。[1][2]

（二）环境资源价值理论

新古典福利经济学认为，对环境影响经济价值进行评估的理论依据在于环境问题对人类福利的影响。“经济价值”可以理解

---

[1] 马中主编：《环境与自然资源经济学概论》，高等教育出版社2006年第2版，第75～79页。

[2] 高鸿业主编：《西方经济学·微观经济部分》，中国人民大学出版社2004第3版，第374～378页。

为“福利变化”。所谓环境影响所导致的损害实际上就是指个人福利的减少，而环境影响所导致的效益则是指个人福利的增加。[1]

在新古典福利经济学基础上发展起来的资源与自然环境经济学认为，环境资源的价值（也称为环境资源的总经济价值）可分为：使用价值（或有用性价值）和非使用价值（或内在价值）。其中，使用价值是指某一物品被使用或消费的时候，满足人们某种需要或偏好的能力。使用价值又可进一步分为直接使用价值、间接使用价值和选择价值。非使用价值则相当于生态学家所认为的某种物品的内在属性，它与人们是否使用没有关系。[2] 对于非使用价值还存在争议，一般认为非使用价值包括遗赠价值和存在价值。也有学者认为，非使用价值仅包括内在价值，遗赠价值属于选择价值的一部分，将非使用价值纳入环境资源的经济价值在经济学理论上是站不住脚的，在实际计量中也不可行。[3] 图 2 所示为环境资源价值的分类。

资源开发与利用过程中，环境资源的价值一部分将进行转移，进入到资源性产品中；而大部分则变成了外部环境成本，没有体现在资源性产品价格中。因此，外部环境成本内部化就是要对环境资源的价值进行确认、计量，使资源性产品价格能体现其全部价值，从而提高资源的配置效率。

---

[1] 曾贤刚：“环境影响的经济评价研究”，中国人民大学环境学院 2004 年博士学位论文，第 47 页。

[2] 马中主编：《环境与自然资源经济学概论》，高等教育出版社 2006 第 2 版，第 131～133 页。

[3] 曾贤刚：“环境影响的经济评价研究”，中国人民大学环境学院 2004 年博士学位论文，第 44～46 页。

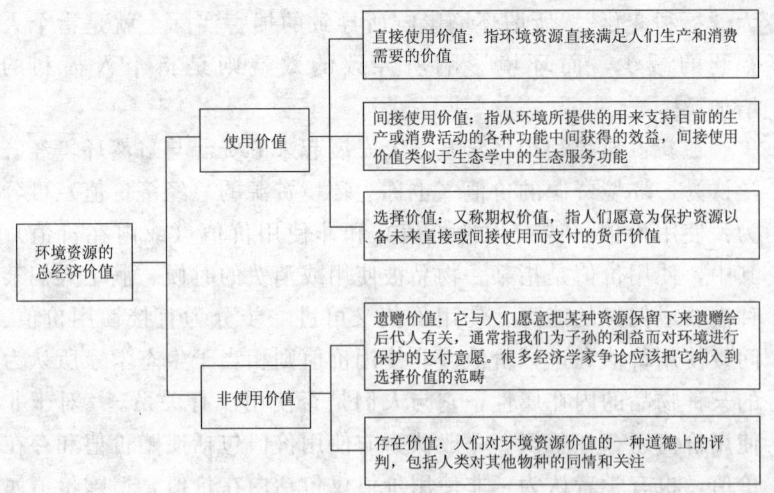

图 2　环境资源的总经济价值

三、环境成本纳入我国资源性产品定价机制的现状

我国将环境成本纳入资源性产品的定价机制的实践，尚处于初步探索阶段。企业在生态环境保护及污染治理方面需要付出的成本主要以各种税费形式体现，还包括企业的各种环保投资。对于价格由市场形成的资源性产品，这些费用最终都将转化成企业的生产成本，从而构成资源性产品价格的一部分。对于受国家价格管制的资源性产品，其定价机制中所包含的环境成本极少。近年来国家有关部门提出了在资源性产品价格形成机制中反映环境成本的要求。

（一）我国主要资源性产品价格形成机制现状

改革开放以来，随着我国由计划经济体制向市场经济体制的转变，价格改革也不断取得突破和进展，价格由计划价格为主向市场价格为主转变。目前，铁矿石、有色金属等产品的价格已实现市场化。水、电、煤、石油、天然气等重要的资源性产品仍受政府管制，即由政府主管部门直接定价，或产品价格的执行需要得到主管部门的审批，并把这种价格管制贯穿于价格形成、运行、约束与调控等环节之中。

石油价格形成机制。目前国内石油价格按与国际市场接轨原则确定价格，即原油价格由购销双方按与国际市场进口成本基本相当的原则协商确定，成品油价格由政府根据国际市场成品油价格变化情况相应调整。2008 年 12 月 19 日，我国出台并正式实施了新的成品油价格形成机制——“原油加成本”，是指以布伦特、迪拜和米纳斯三地原油价格为基准平均值，再加上炼油成本和适当的利润空间以及国内关税、成品油流通费等，共同形成国内成品油零售基准价。

天然气价格形成机制。目前国内的天然气价格是由出厂价加上管输价格形成城市门站价，然后加上输配费后，最终形成终端用户价格。出厂价执行政府指导价，天然气生产商可以在中准价上下浮动 10%，而管输价格和输配费均为管制价格。

电价形成机制。我国电力价格实行政府定价，分为上网电价和销售电价。上网电价指电力生产企业向电网经营企业销售电力的价格；销售电价是指电网经营企业向电力用户销售电力的价格上网电价由发电成本、财务费用、利润和税金构成。销售电价由上网电价和电网供电费用构成。

水价形成机制。我国水价实行政府定价，主要由地方价格部门进行管理，由水资源费、水利工程费及污水处理费组成。

煤炭价格形成机制。我国的煤炭价格已基本实现市场定价，由于电力价格受国家管制，电煤价格并没有完全根据市场供求关系发生相应变化，煤电双方经常因电煤价格争执不休，由国家发改委出面调停，最终商定一个双方都可以接受的折中价格。

铁矿石、有色金属产品的价格已完全实现市场化，与国际市场接轨。铁矿石贸易采用谈判定价机制。目前，全球铁矿石价格是基于全球三大铁矿石生产商与其购买方之间商定的合约价格确定的。有色金属的价格是通过国际公开市场来确定的，如铜矿和铝矿采用点价，即“(通常是伦敦金属交易所LME）期货价格＋基差”的定价方式。

（二）环境成本内部化的探索

1. 利用税费形式征收资源开发与利用中的环境成本

从理论上说，生态税费是对生态环境定价，我国目前还没有纯粹的生态税和环境税，但有类似性质的收费，主要包括排污收费、生态补偿费、土地复垦保证金、矿山环境恢复治理保证金、水土保持费（包括水土保持设施补偿费、水土流失防治费），以及一些地方以环境保护、安全生产为名义征收的其他费用，如煤炭价格调节基金、煤炭可持续发展基金等。

一是排污费。排污收费制度是我国实施范围全面、实施效果较好的一项成熟的环境管理制度，具有明确的法律依据，在《中华人民共和国环境保护法》等多部环保法律中对该项制度进行了规定。排污费是排污者对环境造成污染的一种补偿，排污费全部是国家预算内资金，全额用于污染防治。此外，我国对污水处理进行收费。污水处理费是建设部门从自来水价中代收，用于污水处理厂及配套管网的建设，代为处理城市生活污水，为服务性收费。国务院《排污费征收管理使用条例》规定：排污者向城市污水集中处理设施排放污水、缴纳污水处理费用的，不再缴纳排污费。虽然排污费和污水处理费在资金性质上不同，但均起到了使环境成本内部化的作用。我国水价中就包含了污水处理费，电价中包含了脱硫费用。

二是生态补偿费。生态补偿费是以防止生态环境破坏为目的，以从事对生态环境产生或者可以产生不良影响的生态、经营、开发者为对象，以生态环境整治及恢复为主要内容，以经济调节为手段，以法律为保障条件的环境管理制度。我国最早于1983年开始生态环境补偿费的试点，到20世纪90年代，广西、福建等14个省145个县市进行了试点。也有部分地区认为以生态环境补偿费名义征收的费用较多，如水土保持、土地复垦、矿区环境恢复治等，因而不再设置生态补偿费。

三是土地复垦保证金和矿山环境恢复治理保证金。土地复垦保证金制度指政府预先从企业收取一定数额的保证金，以此来约束企业的行为，若企业能及时对破坏的土地进行复垦，则政府返还保证金，否则由政府组织复垦工作。矿山环境恢复治理保证金是为了保证采矿权人在采矿过程中合理开采矿产资源、保护矿山环境，在闭坑、停办、关闭矿山后，做好矿山环境恢复治理、地质灾害防治等工作应缴纳的备用治理费或质保金。二者均具有押金性质。自20世纪90年代开始，我国部分省（区）开始试行矿区土地复垦保证金制度（或矿山环境恢复治理保证金制度，或矿山闭矿抵押金制度）。截至2007年年底，实行矿区土地复垦保证金制度的省（区、市）已达20个。尽管这些省（区）试行的保证金制度名称不尽相同，但其核心内容是一致的，即通过经济激励性手段将矿业活动的负外部性内化，实现矿区土地环境的恢复治理或修复重建。

四是水土保持费，包括水土保持设施补偿费和水土流失防治费。水土保持设施补偿费是生产建设单位和个人对因生产建设活动损坏水土保持设施、降低水土保持功能而给予的一种经济补偿。水土流失防治费是为防治生产建设过程中造成水土流失所采取的各种预防和治理措施的费用之和。只有在生产建设单位和个人因技术或者组织等原因无力实施防治措施时，由水行政主管部门代为治理并由生产建设单位和个人支付水土流失防治费。水土保持费自 20 世纪 90 年代开始试行，各省陆续出台了相关管理办法。如陕西省为了切实建立能源开发水土保持补偿机制，有效防治人为水土流失，保护和改善区域生态环境，自 2009 年 1 月 1 日起开征煤油气资源开采水土流失补偿费，规定凡在该省行政区域内从事煤炭、石油、天然气资源开采的企业，应根据相关规定缴纳水土流失补偿费。

2. 资源税费设计之初并不具备生态环境补偿的性质，但改革的方向是突出其对促进资源节约与环境保护的作用

我国的资源税费主要包括资源税和资源补偿费等。目前我国的水价中包含了水资源费、水利工程费及污水处理费，对水资源并没有征税。对矿产资源征收的税费有资源税、矿产资源补偿费、探矿权使用费和采矿权使用费、探矿权价款和采矿权价款。关于资源税费的性质，理论界存在较大争论。资源税费在客观上起到了促进资源节约与环境保护的作用，但设计之初并不具备生态环境补偿的性质。资源税是对在我国境内开采应税矿产品和生产盐的单位和个人，就其应税数量征收的一种税。征收的主要目的是调节自然资源的级差状况，从而调节企业因资源因素造成利润水平相差悬殊和利润分配不均的问题，为企业平等竞争创造条件。矿产资源补偿费是为了保障和促进矿产资源的勘查、保护与合理开发，维护国家对矿产资源的财产权益而征收的，是国家作为矿产资源所有权者的权益体现。

近年来，我国资源与环境问题越来越突出，资源紧缺与环境污染已成为制约我国经济发展的瓶颈，加之资源税费制度在运行中存在的诸多问题，资源税费的改革也提上了日程。资源税改革方案已经多次讨论，目前改革的思路是“扩大征收范围、改革计征方式、提高税负水平、统筹税费关系”。2009 年 5 月 25 日国务院批准的国家发改委《2009 年深化经济体制改革工作的意见》

提出，要研究制订并择机出台资源税改革方案。

四、环境成本纳入我国资源性产品定价机制存在的问题

环境成本纳入资源性产品定价机制存在两方面问题：一是企业的内部环境成本（主要以环保税费形式体现）远低于其产生的环境成本，也就是说企业产生的大部分环境成本由社会承担了，存在很高的外部环境成本；二是现行资源性产品定价方法中只反映了物质资料耗费和劳动报酬等成本，基本不包括企业的内部环境成本，更没有包括企业的外部环境成本。具体可概括为如下4大问题。

（一）环保税费整体偏低，没有反映资源开发利用中的全部环境成本

目前，我国资源性产品价格偏低，只反映了采掘、运输等开发成本，忽略了资源稀缺性和环境成本。如上文所述，山西省2003年煤炭工业的环境成本折合吨煤的损失平均为64.38元，约占煤炭2004年出省平均价格的28%，而这部分损失并未纳入煤炭生产成本，没有在煤炭价格中得到体现。

由于各种环保税费是企业支付环境成本的主要形式，因此环保税费过低是导致企业环境成本外部化、私人成本社会化的重要原因之一。当前，排污费在企业支付的环境成本中所占份额较大，但我国排污费的收费标准却很低。根据《排污费征收标准管理办法》（2003）确定的我国排污费征收标准，仅为污染治理设施运转成本的50%左右，某些项目甚至不到污染治理成本的10%。这必然使企业宁愿交排污费也不愿进行污染治理。此外，现行排污收费制度已由原来的超标收费改为排污即收费和超标加

倍收费并行，但在排污费标准偏低的情况下，加收一倍的排污费不足以遏制超标排放的现象。许多企业宁愿选择违法排污并缴纳罚款，也不愿意进行污染治理，导致恶意偷排、故意不正常运转污染防治设施、长期超标排放等持续性环境违法行为大量存在。

（二）部分环保税费存在交叉、重复收费，在征收、使用、管理方面也存在诸多问题

虽然我国的环保税费整体偏低，不能反映企业生产所造成的全部环境成本，但由于环境治理和生态保护涉及的部门众多，各个部门从自身工作出发设置了相关的收费名目，部分收费存在交叉、重复征收问题，在资金的征收、使用、管理方面也存在诸多问题。

一是部分收费存在交叉、重复征收问题。目前我国的环保收费主要包括排污收费、污水处理费、生态补偿费、土地复垦保证金、矿山环境恢复治理保证金、水土保持费，以及一些地方以环境保护、安全生产为名义征收的其他费用。这些收费在促进企业进行污染治理和生态修复方面发挥了重要作用，但从理论上来看，部分收费存在交叉、重复征收。例如，生态补偿费以防止生态环境破坏为目的，用于生态环境整治及恢复；矿区土地复垦保证金主要用于对破坏的土地进行复垦；矿山环境恢复治理保证金是为了保证采矿权人在闭坑、停办、关闭矿山后，做好矿山环境恢复治理、地质灾害防治等工作而缴纳的备用治理费或质保金；水土保持费是为了有效防治人为水土流失，保护和改善区域生态环境而征收的。土地复垦、水土保持、矿区环境修复治理、地质灾害防治均属于生态环境整治及恢复的内容，不少地方却在同时征收，既给企业造成不必要的负担，又使本来总量就很少的资金分散管理，降低了使用效率。

二是环保费用的征收、使用、管理不规范。虽然各种环保收费均是以生态环境补偿的名义来征收的，但有些收费并没有明确的法律依据，在实际使用过程中也不规范，并没有全部用于污染治理、生态环境整治及恢复。例如，生态补偿费、矿山环境恢复治理保证金的征收就缺乏严格的法律依据，且存在征收对象不明确（矿山环境的损害从时间上可分为新的破坏和老的破坏，应该以新的破坏为征收对象，但目前国家和地方均未对新旧矿山的划分提出法律依据和界限）、征收标准和范围不统一等问题。再如，根据《排污费征收管理使用条例》（2002），排污费必须纳入财政预算，列入环境保护专项资金进行管理，主要用于重点污染源防治、区域性污染防治、污染防治新技术、新工艺的开发、示范和应用等项目的拨款补助或贷款贴息。但是在一些地方，环保、财政等部门挤占挪用排污费的现象时有发生。

（三）资源性产品定价方法不完善，基本不包括环境成本

价格是由社会生产成本、流通费用、税金和利润等要素来构成。其中，生产成本是构成商品价格的主体，是制定价格的最低经济界限。以生产成本为基础制定资源性产品价格的方法存在一定缺陷。企业在核算生产成本、流通费用等时，往往计入“非合理成本”，而政府主管部门无法准确掌握企业的真实成本，价格不是制定得过高，就是制定得过低，不能反映资源稀缺程度和供求情况。

同时，生产成本应由物质成本、劳动成本和环境成本三部分组成。我国现行的成本计算主要包括物质成本和劳动成本（即企业生产一定数量的某种商品所支出的物资资料耗费和劳动报酬的总和），基本不包括环境成本。即使有的产品定价中包含了部分环境成本，如水价中的污水处理费、电价中的脱硫成本等，也远

低于企业所造成的环境损失代价，本应由企业承担的环境成本却由社会承担了，也就是说存在环境成本外部化问题。

由于我国资源性产品价格中没有计入环境成本、安全生产成本、资源枯竭的退出成本等，导致我国资源性产品价格偏低，再加上定价方法的缺陷，导致我国资源性产品价格“一改就涨”，“价格听证会”在终端消费者心目中常常等同于“价格上涨会”。

（四）环境成本计量方法、标准不统一，研究结果差别较大

要将企业所造成的环境污染和生态破坏损失计入企业的生产成本，从而纳入资源性产品的定价机制中，就必须对这些损失进行定量化，即对企业产生的环境成本进行确认、评估、计算，并且要纳入企业的财务核算体系。

概括起来，环境成本计量主要分为三大类：一是以污染造成损害的价值作为计量基础（污染损害价值）；二是以预防污染发生的成本作为计量基础（污染清除与污染损害补偿支出）；三是以污染后果的清除与损坏赔偿金额作为计量基础（预防污染措施支出）。这三种计量方法各有优缺点，第一种被认为是最符合经济学原理，然而由于经济活动对环境影响时空的错位及影响的多重性与递延性等多种原因，其可操作性低；第三种则在技术上最为可行，可能的信息处理成本也最低，然而由于防治成本中包含了很大比重的固定成本，所以相同投入所消除的不良环境影响的差异可能很大，以其为依据计量外部环境成本可能会导致决策重点发生偏颇；第二种则处于二者之间。

由于目前环境成本计量方法和标准不统一、不规范，没有形成统一和完整的环境成本核算体系，针对不同对象的研究结果之间差别较大，无法横向比较；甚至对同一研究对象的不同研究结果差异也很大，因而有人质疑环境成本计量结果的科学性。

五、环境成本纳入我国资源性产品定价机制的对策建议

将环境成本纳入资源性产品价格形成机制，一是要将企业的外部环境成本内部化，使企业支付其所造成的环境污染和生态破坏的全部损失，这涉及完善资源税费、环保税费及有关制度；二是在企业外部环境成本内部化的基础上，将这些成本纳入资源性产品价格的财务核算体系。围绕这两大方面，本文提出如下五点建议。

（一）统筹资源税费改革，充分发挥其促进资源节约与环境保护的作用

统筹各种资源税费的关系，重构资源税费体系，形成以资源税和资源补偿费为主体，探矿权采矿权使用费和价款为补充的资源有偿使用制度，促使企业节约资源，提高利用效率，从而保护环境。要明确资源税的性质、征收目的及使用范围，这比提高税负、扩大征收范围更为重要。

第一，在资源税费改革中一定要明确收取资源税和资源补偿费的目的是为了体现国家作为资源所有者的权益，以及促进资源节约和环境保护。

第二，要严格规定资源税和资源补偿费的使用范围。目前，我国的资源税属于地方税，政策设计时对地方政府负责实施矿区生态恢复有所要求，但资源税的使用范围并不明确，大部分地方政府并未将资源税用于矿区生态治理。因此，在资源税费改革中，一定要明确资源税和资源补偿费的使用范围，用于资源勘探、资源保护、矿区环境治理、生态恢复，并且要加强对资源税费使用的监管和使用绩效的考核。

第三，合理确定中央和地方的分成比例。我国现行的资源税属于地方税，资源补偿费则由中央和地方按一定比例分成。为了调动地方政府进行矿区环境治理和生态恢复的积极性，改革后的资源税费应继续维持地方多、中央少的政策。

第四，提高现行资源税的征税标准和扩大征税范围，提高资源补偿费的收费标准，使资源价格除了能反映其经济价值外，还要反映其生态环境价值和社会价值。

（二）完善环保税费制度，结合资源税费改革，建立矿区生态补偿机制

结合资源税费制度改革，完善各种环境治理、生态修复收费制度，建立矿区生态补偿机制，促使企业的环境成本内部化，体现在资源性产品的价格形成机制中。

一是完善排污收费制度，积极进行排污权交易试点。当前我国排污收费标准远低于企业治理污染的成本，应提高排污费收费标准，并兼顾社会、企业的承受能力逐步实施到位；扩大征收范围，将排污收费对象由企、事业单位扩大到直接向环境排放污染物的所有排污者，除征收废水、废气排污费外，应加大噪声超标排污费和固体废物排污费的征收；规范资金用途，加强资金使用监管，由环保、财政、银行等部门对基金使用情况进行全程监督，严禁挪作他用。此外，排污权交易是指在一定区域内，在污染物排放总量不超过允许排放量的前提下，内部各污染源之间通过货币交换的方式相互调剂排污量，从而达到减少排污量、保护环境的目的，当前应进一步探索排污权交易的操作模式，将排污指标“价格化”，以市场机制促进环境资源优化配置。

二是清理地方和有关部门的各种环保收费，设立矿区生态恢复基金，解决老旧矿区历史遗留问题。当前以资源节约、保护环境、生态修复名义设立的收费名目较多，不少收费存在交叉、重

复征收，缺少法律依据等问题，应在清理整顿这些收费的基础上，统一设立矿区生态恢复基金，用于解决老旧矿区的历史遗留问题。基金来源可从资源税和资源费中提取。矿区的治理与恢复，可借鉴国际经验，由具备资质的研究院所或专业公司来完成。

三是完善矿山环境恢复治理保证金制度，督促企业履行矿区生态恢复义务。矿区土地复垦保证金、矿山环境恢复治理保证金均是用于矿区的生态恢复，只不过适用范围不同，严格说来，矿山环境恢复治理保证金包含了矿区土地复垦的内容。目前有的省市两种收费都存在，有的地方只征收其中一种。建议取消矿区土地复垦保证金制度，在全国范围内建立统一的矿山环境恢复治理保证金制度，用于解决企业的“新账”，督促企业对开发利用资源造成的生态环境问题进行修复。企业按政府规定的数量和时间先缴纳保证金，如果企业按规定履行了生态修复义务并达到政府规定的恢复标准，政府将退还该保证金；对不进行修复或没有能力进行修复的企业，则由政府组织力量替代恢复，超过保证金部分的费用，还要由矿山企业承担。

四是结合资源税费改革，建立跨区域的生态补偿机制。对于西部欠发达地区给予一定的政策倾斜，如在资源税费的费率确定方面，欠发达地区与发达地区区别对待；资源税费的中央与地方分成比例上，欠发达地区的地方政府占更多的分成；中央收取的资源税费，用于资源枯竭地区、经济欠发达地区的资源开发与保护。

（三）建立企业内部环境成本核算体系，科学制定资源性产品成本的财务核算方法

只有对成本进行准确核算，才能为正确制定、调控、监管价格提供可靠、重要的依据。这就需要制定一套科学的环境成本核

算体系和核算方法，完善企业的财务核算制度，使企业内部环境成本能够体现在资源性产品成本的财务核算方法中。

一是明确环境成本的构成。环境成本有多种表现形式和不同的分类方式，比如，按产品的获取、生产及流通可分为获取自然资源阶段的初始环境成本、投入生产阶段的环境成本及产品转入流通阶段的环境成本。再比如，结合产品生产特点及国家设置的环保税费项目，煤炭环境成本的构成可归纳为环境管理费用、环境监测费用、排污费用、污染现场的清理和保洁费用、地面塌陷赔偿及矿山占用土地复垦费用、环境影响赔偿费用、降低污染和改善环境的研究与开发费用、职工环境保护教育费、植树及绿化费用等。在资源性产品成本中，环境成本应包括哪些内容，应予以明确。

二是建立和完善企业环境成本会计体系。环境成本核算的目的是试图把环境成本纳入企业会计核算体系中，把企业所应承担的环境成本计入产品成本，通过市场竞争机制促使企业增强环境保护意识。在我国现行会计系统中，企业内部环境成本以管理费用、营业外支出、制造费用等名目分散于企业不同的成本和费用中。这种会计方法无法及时全面地提供环境成本的信息，一部分环境成本没有得到确认和计量。因此，为了加强对企业内部环境成本的核算，需要逐步建立和完善企业环境成本会计体系，如对于企业环境成本的账务处理应当区分资本化环境成本和费用化环境成本等。

当然，即使将企业内部环境成本纳入了资源性产品价格的定价机制中，其价格也不能反映全部环境成本（包括内部环境成本＋外部环境成本）。随着有关税费制度的完善，企业的外部环境成本将逐渐内部化。价格改革的最终目标之一就是要使资源性产品价格反映全部环境成本。

（四）理顺初次利用资源、再生资源及废弃物处理的价格关系

初次利用资源（即资源性产品）价格过低、再生资源价格过高、废弃物处理成本高、排放成本低是我国资源价格体系扭曲的重要表现，是导致环境成本外部化的根本原因之一。因此，要协调好初次利用资源（即资源性产品）、再生资源、废弃物处理的价格关系，用价格机制去引导企业发展循环经济，即节约利用资源、提高资源利用效率，积极进行废弃物的再生循环利用，不能利用的废弃物经处理后达标排放。这就需要在理顺资源性产品价格形成机制的基础上，提高资源性产品的价格、降低再生资源价格、提高废弃物排放成本，使初始资源和对环境污染较为严重的产品变得相对昂贵，有利于资源节约和环境保护的产品变得相对便宜，这样一种价格体系将会极大地促进资源节约使用、废弃物循环利用，保护环境。

一是理顺资源性产品价格形成机制，提高资源性产品的价格。主要包括：建立和完善资源产权市场体系，使资源性产品价格中体现资源的获取成本；加快资源垄断行业的体制改革，在具有竞争潜质的领域，通过引入竞争机制，逐步放开政府对资源价格的直接管制，让价格在市场竞争中形成，充分发挥价格信号引导市场供求、优化资源配置的作用；对部分不能形成竞争的经营环节，加强和改进政府的价格监管调控，政府应从资源性产品价格的直接制定者和管制者到市场经济中价格的制定者、调控者、监管者这一复合角色转变。

二是降低再生资源价格。主要包括：加强对收购市场的管理，避免市场中的恶性竞争，建立完善的再生资源回收体系；加强技术创新，通过提高技术水平降低再生资源的生产成本；通过直接投资、补贴、税收优惠、技术研发支持、融资条件优惠等措

施，加大对再生资源回收、再生资源生产的税收优惠，鼓励企业再生、再制造、循环利用资源。

三是提高废弃物排放成本。主要包括：完善排污收费制度；建立排污权市场交易价格制度；加强对企业的环境监管，加大对超标排污的处罚力度，对污染特别严重的违法企业责令立即关停或停业整顿；提高资源开发的环保准入门槛，对没有能力（即自身不具备治理能力，也不能委托其他企业或部门）进行污染治理和生态修复的企业，不发放开采、开发资源的有关许可证明。

（五）加强环境成本评估与核算的科学研究，为制定和完善相关政策奠定基础

环境成本的定量化是制定资源税费、环保税费、价格改革等有关政策的基础。但要准确计算环境成本是很困难的，针对当前环境成本评估与核算方法、标准不统一的现状，必须加强环境价值基础理论及环境成本评估与核算方法的科学研究，使环境成本逐渐纳入价格体系。

一是加强环境价值理论研究。环境具有价值是对环境进行定价的理论基础。西方资源与环境经济学认为，环境的价值（或者说资源具有环境价值）来源于其有用性和稀缺性，但对环境价值的属性、分类及如何衡量并未达成共识，需要进一步加强这方面的基础研究，为计算资源开发利用中的环境成本奠定基础。

二是加强剂量－反应关系研究。剂量—反应关系（dose－response relationship）是指某人群接触某物质后发生一定程度作用的比例与该物质所暴露的数量的联系。剂量—反应关系的研究可以揭示某项环境损害与某种环境污染之间的联系及其影响程度。如果不能确定污染损害和污染事件（事实）之间的定量关系，那么环境成本的核算就缺少科学依据。当前剂量—关系的基础研究比较薄弱，有待强化，以使环境成本核算更加准确和

科学。

三是加强环境成本评估与核算研究。环境成本评估与核算方法不统一，研究结果差异较大，不具备可比性，因此应从微观（企业）、中观（区域及行业层面）、宏观（国家层面）三个层面，加强对环境成本评估与核算的研究。在企业层面，加强对企业环境治理、生态修复的成本研究，逐步建立环境会计体系；在区域及行业层面，加强对资源开采区域、资源型城市、资源行业的环境损失代价的研究，将环境成本纳入区域及行业的管理决策中；在宏观层面，加强绿色国民经济核算，从宏观上把握经济发展所付出的环境成本，为建立新型政绩考评机制奠定基础。

调研报告一

鄱阳湖生态经济区建设的法律法规调研

2008年"两会"期间江西省提出了建设环鄱阳湖生态经济区的战略决策。为了深入了解江西省建设鄱阳湖生态经济区的基本情况和有关法规政策的现状，国家发改委经济体制与管理研究所"环鄱阳湖生态经济区建设体制机制创新和政策法规体系研究课题组"于2008年6月赴江西省进行调研，与江西省发改委、建设厅、农业厅等部门进行了座谈，形成了如下调研报告。需要特别说明的是，关于循环经济与生态经济的区别与联系，国内学者尚未达成共识，不少学者认为循环经济本质上就是一种生态经济。通过这次调研，使我们加深了对二者的认识，无论是循环经济还是生态经济的发展均离不开法规政策的支撑，二者均是我国建设资源节约型、环境友好型社会的重要内容。江西省鄱阳湖生态经济区建设的法律法规同样可以为发展循环经济提供借鉴与参考。

一、基本情况

鄱阳湖地处江西省的北部，长江中下游南岸，是我国最大的淡水湖，是世界六大湿地之一，是世界上最大的候鸟越冬栖息地，是长江干流重要的调蓄性湖泊，在中国长江流域中发挥着巨大的调蓄洪水和保护生物多样性等特殊生态功能，是中国最大的"大陆之肾"，是我国十大生态功能保护区之一。鄱阳湖流域面积约占江西省国土面积的97%。它不仅是哺育江西儿女繁荣发展的母亲湖，而且对维系区域和国家生态安全具有重要作用。

鄱阳湖的保护治理和鄱阳湖的经济开发关系江西未来的发展，关系江西省4 300万人民子孙后代的福祉。既要发展经济，又要保护鄱阳湖的生态环境，二者能否兼顾？这成为摆在江西省委、省政府和江西人民面前的一项重大课题。在2008年“两会”期间，江西省从落实科学发展观、实现可持续发展的高度，提出了建设环鄱阳湖生态经济区的重大决策。

所谓生态经济是指在一定区域内，以生态环境建设与社会经济发展为核心，遵循生态学原理与经济规律，把区域内自然资源的合理利用、环境保护、生态建设与该区域社会经济发展及城乡建设有机结合起来，通过统一规划，综合建设，发展经济发达、生态高效的产业，建立体制合理、社会和谐的文化及生态健康、景观适宜的环境，实现经济效益、社会效益、生态效益的可持续发展与高度统一。鄱阳湖生态经济区的建设就是要以鄱阳湖为核心，以环鄱阳湖城市为依托，以鄱阳湖流域五大水系为纽带，优化空间布局、转变发展方式、壮大经济实力、保护生态环境、促进社会和谐，努力建设生态优良、经济发达、城乡协调、生活富裕、生态文明与经济文明高度统一、人与自然和谐相处的生态经济区。

二、有关法律法规现状

在国家有关法律规定的框架下，江西省结合自身实际，出台了许多关于资源、能源、资源综合利用、环保、生态建设等领域的法规，为鄱阳湖生态经济区的建设奠定了基础。

（一）江西省生态经济相关法律法规现状

1. 资源领域的法规

水资源方面，出台了《江西省水资源条例》（2006 年）、《江西省河道管理条例》（2001 年第二次修正）、《江西省水资源费征收管理办法》（2001 年修改）。《江西省水资源条例》条例是江西省在新形势下制定的水资源开发、利用、配置、节约和保护的地方性法规。这一条例在坚持新《水法》的立法精神的前提下，结合了江西省的实际情况。如发生严重旱情和生态用水需要情况，各类水工程服从统一调度、饮用水安全保障应急预案以及水质监测数据共享、定期公布等规定，就是根据江西省的实际情况自行设定的。在该条例生效后，原有《江西省实施〈中华人民共和国水法〉办法》予以废止。《江西省河道管理条例》对河道整治与建设、保护和经费问题进行了规定。

在水土保持方面，1994 年出台了《江西省实施〈中华人民共和国水土保持法〉办法》；2000 年，省计委、省环保局分别印发了《加强基建项目水土保持工作的通知》、《建设项目环境管理中水土保持工作的通知》，省计委、省环保局、省水利厅还联合制定了《江西省建设项目水土保持方案编报及落实水土保持“三同时”制度管理规定》，对从源头控制和预防人为水土流失起到重要作用。

在矿产资源方面，出台了《江西省矿产资源开采管理条例》（1999 年）、《江西省保护性开采的特定矿种管理条例》（2004 年）、《江西省采石取土管理办法》（2006 年）。其中《保护性开采的特定矿种管理条例》是江西省根据自身保护性矿种丰富的特点，而专门出台的法规。国家规定实行保护性开采的特定矿种，包括黄金、钨、锡、锑和离子型稀土，是国家战略性矿产资源。该条例规定江西对保护性矿种开采生产实行总量控制。开采保护性矿种的矿山企业根据国家和省下达的年度开采总量控制指标组织生产，不得超总量控制指标生产，不得将开采总量控制指标转让给他人。如存在违反上述规定的企业，由县级以上人民政府国土资源主管部门责令改正，没收矿产品和违法所得，并处1万元以上5万元以下罚款。

在土地资源方面，出台了《江西省实施〈中华人民共和国土地管理法〉办法》（2001年第五次修正）、《江西省征用土地管理办法》（2001年修正）、《江西省土地监察条例》（1998年）、《江西省城市国有土地使用权出让和划拨管理条例》（1997年），这些法规为促进节约集约用地发挥了重要作用。为促进新型墙体材料的发展，保护土地资源和生态环境、节约能源，出台了《江西省促进发展新型墙体材料条例》（2004年）、《江西省人民政府办公厅关于印发进一步推进墙体材料革新和推广节能建筑实施意见的通知》（赣府厅发［2005］66号）。

在森林资源方面，出台了《江西省森林条例》（2007年）、《江西省森林资源转让条例》（2004年），规范了森林、林木、林地的经营管理，促进了森林资源的保护。

此外，在节约资源和原材料方面，还出台了《江西省人民政府办公厅关于加快发展散装水泥工作的意见》（赣府厅发［2005］45号）、《江西省促进散装水泥和预拌混凝土发展条例》（2008年）、《江西省人民政府关于全面落实科学发展观加强资源节约的若干意见》（赣府发［2006］33号）、《江西省关于加强政府机构节约资源工作的实施意见》（赣发改工业字［2006］339号）。关于促进散装水泥的发展，目前国家出台了不少政策加以推进，但并没有专门立法，江西省能够以法规的形式将发展散装水泥规范化，对散装水泥市场的发展壮大和节约资源、保护环境都将起到积极作用。

2. 能源领域的法规

在能源领域，出台了《江西省反窃电办法》(1999 年)、《江西省实施〈中华人民共和国煤炭法〉办法》(2000 年)、《江西省实施〈中华人民共和国节约能源法〉办法》(2002 年)、《江西省促进发展新型墙体材料条例》(2004 年)、《江西省单位产品能耗限额》(2005 年)、《江西省电力需求侧管理实施办法（试行）》(2006 年）等法规。同时，积极响应国家号召，加大节能力度，出台了一系列节能政策文件，包括《江西省人民政府关于加强节能工作的实施意见》(赣府发［2006］24 号)、《江西省关于加强固定资产投资项目节能评估和审查工作的通知》(赣发改投资字［2007］9 号)、《江西省节能减排综合性工作方案》(赣府发［2007］31 号)、《“十一五”期间各设区市单位生产总值能耗降低指标计划》、《江西省 2008～2010 年节能工作指导意见》，有力地促进了节能工作的开展。

《江西省实施〈中华人民共和国节约能源法〉办法》(2002 年）依据 1998 年实施的《节约能源法》制定，是江西省节能领域的主要法规，包括总则、节能管理、合理用能、节能保障、法律责任五章。在新《节约能源法》出台后，江西省尚未对该办法进行修正。

《江西省促进发展新型墙体材料条例》是江西省在国家没有出台发展新型墙体材料的专项法律的背景下，根据有关规定制定的。该条例对江西省发展新型墙体材料和限制、淘汰实心粘土砖的规划、监督管理、应用范围进行了规定；并提出了鼓励与扶持的相应规定，包括产品认定程序、财税优惠、返退专项基金等的规定等。

3. 资源综合利用（包括废旧物资回收）领域的法规

在国家目前还没有一部专门的资源综合利用法律的情况下，江西省结合自身实际，于 2001 年出台了《江西省资源综合利用条例》。该条例明确了资源综合利用的范围，包括：在矿产资源开采过程中对共生矿、伴生石矿进行综合开发和合理利用，对尾矿的再次开发利用；对生产过程中产生的废渣、废水（液）、废气、余热、余压等进行回收和合理利用；对城市垃圾、农林废弃物等资源进行综合利用；对社会生产和消费过程中产生的其他废旧物资进行回收和再生利用。规定县级以上人民政府应当制订资源综合利用中长期规划和年度计划，将资源综合利用纳入国民经济和社会发展计划；报废汽车等机动车辆回收拆解企业必须先取得省资源综合利用行政主管部门颁发的认定证书，再依法办理其他相关手续，方可从事回收拆解业务；资源综合利用实行认定制度。该条例的出台对于规范江西省废旧资源的回收、拆解和废弃物的再利用起了较大作用。

与该条例配套，江西省还出台了《环境和资源综合利用行政执法暂行规定》（2005 年），对县级以上经济贸易行政主管部门及其所属的有行政执法权的管理机构（以下简称“行政执法机构”），在依法监督管理节能节水、资源综合利用、清洁生产、墙体材料革新、散装水泥、报废汽车回收拆解和再生资源回收利用等工作中的行政执法活动进行规范。

4. 环境保护法律法规

在污染防治方面，出台了《江西省环境污染防治条例》（2001 年）、《江西省人民代表大会常务委员会关于加强生活饮用水水源污染防治确保生活饮用水安全的决议》（2004 年）、《江西省人民政府关于加强城市供水节水和水污染防治工作的通知》（赣府发［2001］6 号）、《江西省人民政府关于全面落实科学发展观加强环境保护的若干意见》（赣府发［2006］30 号）、《江西省主要污染物减排项目台账、档案管理暂行办法》等政策法规。其中，《江西省环境污染防治条例》是根据《环境保护法》、《水污染防治法》、《大气污染防治法》、《固体废物污染环境防治法》、

《环境噪声污染防治法》等法律制定的，主要内容包括水污染防治、大气污染防治、环境噪声污染防治、固体废物污染防治和其他污染防治。该条例涵盖的内容比较丰富，江西省没有另行出台水污染、大气污染、固体废物污染、噪声污染方面的单行条例。鉴于目前环境保护面临的新形势、新问题，江西省目前正在修订该条例，并于2008年4月2日向社会发布了公开征求意见稿。征求意见稿规定县级以上人民政府对本行政区域内的环境质量负责，其主要职责与原条例相比有较大变化，增加了目前国家社会广为关注的节能减排、清洁生产和发展循环经济、强制淘汰落后工艺技术和生产能力，以及增加环保投入等内容；在长江江西段、赣江、抚河、信江、饶河、修河干流沿岸1公里范围内禁止新建、扩建污染严重项目，以保护鄱阳湖流域的水质；同时针对当前环境违法成本低的突出问题，加大了环境违法的惩罚力度，超标排污最高可罚50万元。

在建设项目方面，出台了《江西省建设项目环境保护条例》(2001年修订)、《江西省建设项目环境影响评价文件分级审批规定》(赣府厅发［2005］63号)、《江西省环境保护禁止和限制建设项目名录》（第一批，赣环督字［2005］45号）等规范性文件。其中，《江西省建设项目环境保护条例》规定对建设项目必须执行先评价、后建设的环境影响报告书、环境影响报告表或者环境影响登记表的审批制度，并对项目立项和建设阶段的环境保护进行了较为详细的规定。《江西省建设项目环境影响评价文件分级审批规定》对建设项目环境影响评价文件的分级审批管理进行了规范，规定了江西省环保局审批环境影响评价文件的建设项目目录。这些文件提高了环境保护准入门槛，加强了对产业发展和布局的引导。

在环保执法方面，出台了《江西省环境保护违法违规行为行政责任追究暂行规定》（赣监发［2001］9号)、《江西省环境保护违法违纪案件移送暂行规定》(2005年)、《江西省环保局突发环境事件应急响应程序》等规范性文件。

5. 生态保护法律法规

在生态保护方面，江西省出台的法规包括《江西省鄱阳湖湿地保护条例》(2004年)、《江西省古树名木保护条例》(2004年)、《江西省实施〈中华人民共和国野生动物保护法〉办法》(1997年)、《江西省人民政府关于继续实施山江湖工程推进绿色生态江西建设的若干实施意见》(赣府发［2007］17号)、《江西省修河源省级生态功能保护区规划》、《江西修河国家湿地公园总体规划》(2008年)。《江西省鄱阳湖湿地保护条例》是与生态保护领域与环鄱阳湖生态经济区建设最为密切的法规，于2003年11月江西省第十届人民代表大会常务委员会第六次会通过，自2004年3月20日实施。条例明确了鄱阳湖湿地的范围，即鄱阳湖湿地区域是指鄱阳湖丰水期水体所能覆盖的区域范围；规定了省人民政府应当确定鄱阳湖湿地保护综合协调机构、制定鄱阳湖湿地保护与合理利用总体规划；根据相关规定设立湿地自然保护区；提出了湿地保护的措施；对利用湿地资源进行了相应规定。其中有几条规定值得我们注意：(1) 保护鄱阳湖湿地资源应当坚持全面保护、生态优先、突出重点、合理利用、持续发展的方针；(2) 在鄱阳湖湿地区域从严实行污染物排放总量控制制度和排污许可证制度；(3) 编制鄱阳湖湿地的工业、农业、畜牧业、林业、能源、水利、交通、城市建设、旅游自然资源开发的有关专项规划，以及在鄱阳湖湿地区域内新建、扩建、改建任何项目，都必须依法进行环境影响评价。第一条提出生态优先，第二条提出从严实行环保标准，第三条提出对各类专项规划要进行环评。这些规定对环鄱阳湖生态经济区建设无疑具有重要的约束和引导作用。

6. 其他政策法规

其他政策法规主要指江西省近年来出台的一些有利于生态经济建设的宏观经济政策和规章，虽然这些规定还没上升到法律层次，但对于当前经济发展具有重要的导向作用，并且也是将来制定生态经济区有关法律法规应充分考虑的方面，故也应引起重视。主要包括《江西省发展循环经济和建设节约型社会工作分工方案》（赣府厅字［2006］114号）、《江西省循环经济“十一五”发展规划》、《江西省发展循环经济2006～2007年工作纲要》（赣府厅字［2006］115号）、《江西省节能减排综合性工作方案》（赣府发［2007］31号）、《江西省“十一五”产业结构调整实施意见》和《江西省产业结构调整及工业园区产业发展导向目录》（赣府厅发［2006］50号）。

《江西省发展循环经济和建设节约型社会工作分工方案》提出了发展循环经济和建设节约型社会的主要任务、保障机制和领导机构。其中，主要任务分为政府机构节约资源、节能、节水、节约原材料、节地和发展循环经济六个方面，保障机制分为规划、法制、技术开发应用、政策制定、结构调整、示范推广、统计监测、监督管理八个方面，并对每个方面的具体分工作了详细规定，并决定成立江西省发展循环经济和建设节约型社会工作领导小组，由省政府分管领导召集，省发改委总牵头。该方案规定的发展循环经济和建设节约型社会的内容和协调机制在制定环鄱阳湖生态经济区建设法规时值得借鉴。

《江西省节能减排综合性工作方案》是新时期江西省进行节能减排工作的重要文件。江西省政府要求充分认识节能减排工作的重要性和紧迫性，着力落实节能减排责任和加强执法监管，建立强有力的节能减排领导协调机制。市、县（区）政府要把节能减排指标完成情况纳入各地经济社会发展综合评价体系，作为政府领导干部综合考核评价和企业负责人业绩考核的重要内容，实行“一票否决”制。企业必须严格遵守节能和环保法律法规及标准，落实目标责任，强化管理措施，自觉节能减排。同时，加强机关单位、公民等各类社会主体的责任，促使公民自觉履行节能和环保义务，形成以政府为主导、企业为主体、全社会共同推进的节能减排工作格局。省政府成立节能减排工作领导小组，办公室设在发改委，与资源节约和循环经济工作领导小组办公室合署办公。方案从九个方面提出了 42 条节能减排具体政策措施。

（二）环鄱阳湖区域各市区县出台的相关政策法规

环鄱阳湖区域主要涉及南昌、九江、上饶、鹰潭、抚州和景德镇 6 个设区市。其中，南昌市作为省会城市，经济较为发达，出台的政策法规相对比较多。其他几个城市也出台了部分促进资源节约和环境保护的法规，但相对较少，主要以贯彻执行国家和江西省的有关法律法规为主。

南昌市出台的政策法规主要包括《南昌市城市湖泊保护条例》《南昌市青山湖保护条例》《南昌市赣江饮用水水源保护条例》《南昌市城市水土保持条例》《南昌市城市供水和节约用水管理条例（修订）》（征求意见稿，2008 年 6 月）、《南昌市高污染燃料禁燃区管理办法（征求意见稿）》（2008 年 6 月）、《南昌市机动车排气污染防治条例》《南昌市城镇国有土地使用权出让和转让办法》《南昌市城市绿化管理规定》《南昌市城市市容和环境卫生管理条例》《南昌市森林公园管理条例》《南昌市公益林保护条例》《南昌市散装水泥和预拌混凝土管理条例》《南昌市粉煤灰综合利用管理条例》等。以《南昌市赣江饮用水水源保护条例》为例，该条例于 2003 年 11 月第二次修正，适用于南昌市行政区域内城市公共供水的赣江饮用水水源保护，最为突出的一条是处罚力度很大：违反国家环境保护法律、法规和本条例规定而造成水污染事故的单位，由环境保护部门或者交通部门按照各自职责，责令其采取有效的处理和补救措施，并按照直接损失的20%计算罚款，但是最高不得超过20万元；对造成重大经济损失的，按照直接损失的30%计算罚款，但是最高不得超过100万元。此外，南昌市目前正在进行生态市建设规划，规划方案于2008年5月10日进行了论证。在生态经济建设中可以与该规划结合起来统筹考虑，逐步推进。

九江市出台的政策法规主要包括《九江市人民政府关于加强节能工作的实施意见》《九江市城市水土保持暂行规定》《九江市城市排水管理办法》《九江市人大常委会关于加强修河流域生态环境保护和建设的决定》《九江市加强修河流域生态环境保护与建设实施方案》《九江市人民政府关于加强矿产资源管理加快矿业经济发展的决定》《九江市散装水泥和预拌混凝土管理办法》《九江市人民政府关于加强环境保护和建设若干问题的决定》《九江市机动车排气污染防治办法》《九江市高污染燃料禁燃区和烟尘控制区管理办法》《九江市城市建筑垃圾管理办法》《九江市绿色生态建设七个专项行动实施方案》《九江市城区古树名木保护管理实施细则》《九江市城区绿地认养办法》《九江市城市绿化管理规定》等。其中，《关于加强修河流域生态环境保护和建设的决定》和《加强修河流域生态环境保护与建设实施方案》的出台是为了保护修河水资源环境，促进九江市社会经济全面协调和可持续发展。文件指出要坚持保护优先、预防为主、防治结合的方针，大力发展生态产业，实施8项重点生态工程：以封山育林、退耕还林和修河防护林为重点的生态林建设工程、以小流域综合治理为主的水土保持工程、以矿山退役和尾矿治理为主的矿山生态恢复工程、以无公害农产品基地和能源替代为主的生态农业工程、以病险水库和河道堤岸除险加固为主的水利建设工程、以城市污水和生活垃圾集中处理设施建设为主的环保基础设施建设工程、生态旅游工程和生态移民工程。《九江市绿色生态建设七个专项行动实施方案》包括工业园区未经处理污水零排放专项行动方案、修河源头保护区及干流污染物零排放专项行动的方案、城市中心区有毒有害气体零排放专项行动方案、二级饮用水源保护区内污水零排放专项行动方案、淘汰燃煤锅炉（窑炉）专项行动方案、九江市城市污水处理设施建设专项行动方案和尾矿库专项整治行动方案。该方案对于具体措施、领导机构、协调机制的规定都非常详细，可供生态经济立法参考。

其他市县也制定了有关政策，上饶市出台了《关于印发上饶市环鄱阳湖生态经济区规划对接工作方案的通知》、《上饶市人民政府关于全面落实科学发展观加强资源节约的若干意见》、《上饶市人民政府办公室关于印发推进上饶市建筑节能工作实施意见的通》、《上饶市人民政府关于加强饮用水安全保障工作的意见》、《上饶市人民政府办公室关于印发上饶市第一次污染源普查实施方案的通知》和《上饶市征收城市生活垃圾处理费实施办法》等文件；鹰潭市出台了《鹰潭市关于印发禁止使用实心粘土砖的通告的通知》、《鹰潭市城市园林绿化管理办法》和《关于成立鹰潭市资源节约和循环经济工作领导小组的通知》等文件，抚州市出台了《抚州市人民政府关于印发抚州市节能减排综合性工作方案的通知》、《抚州市人民政府关于落实赣府发［2007］17号文件精神大力推进绿色生态抚州建设的实施意见》、《抚州市征收城市生活垃圾处理费及收取卫生服务费的实施办法》等文件，景德镇市出台了《关于印发我市发展循环经济指导意见的通知》《景德镇市人民政府关于进一步加强节能工作的意见》《景德镇市昌江河水环境质量保护管理办法》《景德镇市垃圾清运处理收费办法》《景德镇市餐厨垃圾管理办法》和《景德镇市城市园林绿化管理规定》等文件，用以规范各市自身的经济发展和保护环境。

三、存在的主要问题

虽然国家和江西省都针对资源节约、环境保护、生态建设出台了大量法律法规，但这些法规有的制定时间较长，需要修订和完善；有的法规政策之间互相不协调，尤其是经济政策和环保政策之间不协调；有的法规缺失，形成了法律上的空白，已不能满足环鄱阳湖生态经济区建设的需要。

（一）缺乏一部推进生态经济区建设的基础法律

生态经济的理念自20世纪80年代引入我国后，学术界进行了广泛的研究，各地也进行了大量实践。但对于如何将经济发展和生态环境保护有机结合起来，促进我国的可持续发展，一直是摆在我们面前的一个大难题，尚没有找到切实可行的方法，处于探索阶段。迄今为止，国家尚未出台一部关于生态经济的法律。江西省要构建环鄱阳湖生态经济区，也面临着缺少一部生态经济方面的基础法律的现实问题。

另一方面，一个跟生态经济密切相关的概念——循环经济，近年来受到了党中央、国务院的高度重视和社会各界的广泛关注，目前《循环经济法（草案）》已提交全国人大常委会审议，预计年内即将出台。生态经济和循环经济的区别与联系是构建环鄱阳湖生态经济区建设法规体系不可回避的问题。当前国内对生态经济和循环经济两个概念争论很多，学术界尚未达成一致看法。有学者认为生态经济只注重生态效益，不注重经济效益；而循环经济既注重环境效益，也注重经济效益。也有学者认为循环经济本质上就是一种生态经济，二者并无太大区别。在实践过程中，由于生态一词的滥用，使得生态经济的概念被虚化，大而空。再加上人们总喜欢“顾名思义”，一提到生态经济就认为是偏重生态建设，一提到循环经济就认为必须要“循环”，没有循环利用废弃物就不是循环经济。一些生态经济规划大量篇幅进行生态建设的规划，并没有体现出经济发展；而一些循环经济规划过于注重产业链条，尤其是废物循环利用链条的构建，生搬硬套，“循环”而不“经济”。另一方面，在提到发展生态经济时，许多人认为主要包括生态农业、生态工业、生态旅游业等；而在提到发展循环经济时，也是包括这些内容，或者改名为循环型农业、循环型工业。名字虽然改了，但就实践案例来说，却是相同的。如广为人知的“猪沼果”、“桑基鱼塘”等模式，既被认为是发展循环经济的模式，也被认为是发展生态经济的模式。上述这些因素导致了目前对生态经济和循环经济的认识比较混乱。笔者认为循环经济就是一种生态经济，但生态经济的内涵比循环经济丰富、涵盖的范围比循环经济广。这一点从《循环经济促进法(草案)》对循环经济的定义就可以看出，即“循环经济是指在生产、流通和消费等过程中进行的减量化、再利用、资源化活动的总称”。生态经济所涉及的内容显然更为广泛。因此，江西省在推进环鄱阳湖生态经济区建设的过程中应充分遵照循环经济法，并考虑发展生态经济的实际，制定一部专门的生态经济法规，使得生态经济区建设有法可依。

（二）在国家政策法规中，针对鄱阳湖流域水污染防治和生态保护的很少

在国家资源能源与生态环境保护法律法规现状中，针对鄱阳湖流域水污染防治和生态保护的非常少，仅在《关于加强重点湖泊水环境保护工作的意见》（国办发［2008］4号）中有一处提到“继续以太湖、巢湖、滇池（以下称‘三湖’）以及三峡库区、小浪底库区、丹江口库区为保护重点，并加强洪泽湖、鄱阳湖、洞庭湖和洱海等水环境保护工作”。在流域水污染防治方面，“三

河三湖”（淮河、海河、辽河和太湖、巢湖、滇池）、三峡库区、南水北调沿线等流域历来是国家关注的重点，投入了大量人力、物力和财力，出台了许多政策法规，针对淮河还专门出台了《淮河流域水污染防治暂行条例》。与此相比，鄱阳湖流域作为我国最大的淡水湖泊，是国际重要湿地，生物物种资源丰富，也是长江干流重要的调蓄性湖泊，对维护我国水环境质量和生态平衡起到了重要作用，其污染防治和生态保护并没有受到国家和有关方面的足够重视。面对我国湖泊锐减、污染普遍的严峻形势，在2006年3月的全国“两会”上，来自江西、浙江、甘肃等19个省区市的全国政协委员联名提交了《关于建议国家进一步重视我国湖泊生态环境的提案》，呼吁“十一五”时期，国家除在对太湖、巢湖、滇池继续进行治理外，也要加大对鄱阳湖、洞庭湖、青海湖等的治理和保护力度。原国家环保总局决定采纳提案中的建议，采取11项措施“拯救湖泊”。温家宝总理也曾指示“要保护鄱阳湖的生态环境，使鄱阳湖永远成为‘一湖清水’”。但国家法规的调整需要较长的时间，江西省要构建环鄱阳湖生态经济区，缺乏国家层面的政策法规支持是又一大难题。

（三）促进生态经济区建设的部分专项法规缺失

环鄱阳湖生态经济区建设是一个系统工程，涉及经济发展、资源、能源、环保、生态建设等方方面面，而目前的法规体系尚不健全，不能满足构建环鄱阳湖生态经济区的需要。

在水污染防治方面，各地在《水污染防治法》框架下，出台了针对本管辖区域范围内重点流域的专项法规，如《湖南省湘江流域水污染防治条例》《江苏省太湖水污染防治条例》《昆明市滇池保护条例》等。江西省却没有类似的鄱阳湖水污染防治条例，对于鄱阳湖流域水污染防治的规定分散在诸多法规条文中，或者是以政策措施的形式出现，其法律效力较低、随意性较大。

在资源回收再生利用方面，江西省在国家没有资源综合利用法律的背景下，出台了《资源综合利用条例》，这是很好的做法。但资源综合利用涉及的内容很多，一部条例不可能包含所有的内容，还缺少像容器包装、废旧家电、废旧轮胎、废旧汽车、建筑材料等回收和再生利用的法规。

在政府绿色采购方面，国务院办公厅出台《关于建立政府强制采购节能产品制度的通知》（国办发［2007］51号）、江西省出台《关于加强政府机构节约资源工作的实施意见》，要求政府进行绿色采购，但还没有出台绿色采购法。

（四）部分法规制定时间较早，不能适应新形势的需要

近年来，国家的宏观经济形势和环境保护形势都发生了很大变化，许多资源环境法规制定时间较早，没有及时进行修正，已不能适应新形势的需要。例如，国家于2007年修订了《节约能源法》，并出台了一系列组合政策。而《江西省实施〈中华人民共和国节约能源法〉办法》制定于2002年，其立法理念、原则、范围和内容均需要调整和修订。

（五）环湖各市区县出台的相关法规政策缺乏统一与协调

由于环鄱阳湖生态经济区建设刚提上日程，环湖各区域过去并没有环湖经济建设一体化的意识，在经济发展和生态环境保护方面较少注重协调和配合。对于污染防治和生态保护方面的规定，南昌市和九江市出台较多，其余市区县很少。经济发展不平衡导致对生态环境保护的力度也不一样。总的看来，环湖各市区县各自从自身利益出发，出台的法规政策比较分散，缺少统一与协调，注重开发的多，进行保护的少，这对鄱阳湖流域的保护非

常不利。

四、对策建议

众所周知，由于环境外部性和市场失灵，发展生态经济不能由市场的自发行为来完成，必须依靠政府进行激励和引导。而法律法规能够体现国家和政府意志，具有规范性、强制性和指导性等特点，能够表达生态经济的发展理念、价值判断和行为规范，可以为环鄱阳湖生态经济区建设提供重要的支撑和保障。通过法律法规体系的建立，可以明确政府、企业和社会公众各主体的责任，使生态经济区建设有法可依。环鄱阳湖生态经济区法律法规体系应由国家层面的法律法规、江西省法规和环湖各市区县法规三个层次构成，包括生态经济区建设的核心法规，资源、能源、环保和生态保护等领域的综合性法规和专项法规，力争既能促进环鄱阳湖区域的经济发展，又能保护生态环境。因此，要构建这样一个体系，需要严格贯彻和执行国家及江西省现有的法律法规，出台促进环鄱阳湖生态经济区建设的核心法规和专项法规，修订和完善部分不能适应生态经济区建设需要的法规，以及注重环湖各区域的协调与配合。

（一）严格贯彻和执行国家现有法律法规

我国虽然没有出台一部综合性的生态经济法律，但现有的法律法规对促进生态经济建设的规定却相当多。在进行环鄱阳湖生态经济区建设的过程中，要严格贯彻和执行国家现有的法律法规，切实用足用好现有的法律法规。

第一，要严格执行即将出台的《循环经济法》❶。这部法律是迄今为止与生态经济建设最为密切的法律，集中反映了当前国家发展循环经济，转变经济增长方式，建设资源节约型、环境友好型社会等重要的政策方针，《循环经济法（草案）》里规定的循环经济规划制度、抑制资源浪费和污染物排放的总量调控制度、以生产者为主的责任延伸制度、对高耗能高耗水企业的重点管理制度等对于江西省环鄱阳湖生态经济区建设具有重要的指导意义。

第二，贯彻执行节约能源、提高能源利用效率的法律法规，尤其是新修订的《节约能源法》。新《节约能源法》首次在法律层面明确提出国家实行节约资源的基本国策，规定节能目标纳入地方政府考核、重点耗能领域节能规范、政府要成为全社会节能表率、耗能大户每年提交用能报告等，这些在环鄱阳湖生态经济区建设的过程中应引起重视。

第三，在遵守水资源和水污染防治的有关法律法规的前提下，积极探索适合鄱阳湖流域的开发、保护和污染防治的管理体制和措施。流域水污染防治问题是当前全国普遍关心的问题，国家新修订的水污染防治法规充分吸取了多年来“三河三湖”及其他流域进行水污染防治的经验和教训，有很强的现实指导意义。鄱阳湖流域的开发利用和保护应充分借鉴这些经验教训，并在国家法律允许的范围内，探索适合自身污染防治的体制机制。

第四，严格执行环境保护和生态保护法律，“看好”环保准入门槛，尽最大可能杜绝环境违法行为。我国环境法规众多，但执行情况却不甚理想，这其中的原因有监管能力不足的问题，也有行政不作为问题，有的地方政府和环保局甚至成了污染企业的

❶ 本调研报告写于 2008 年 7 月，当时循环经济法尚未出台，2009 年 1 月 1 日《循环经济促进法》已正式施行。

保护伞，置环境法规于不顾。在鄱阳湖生态经济区建设过程中要严格执行这些法律法规，杜绝环境违法行为。

第五，对于国务院出台的行政法规和国家各部门出台的规章制度也要严格遵守和落实。这些规章比国家法律灵活，时效性强，集中反映了国家当前的大政方针和政策导向，如节能减排、主体功能区规划等都是生态经济区建设的重点内容。

（二）出台促进环鄱阳湖生态经济区建设的核心法规和重点领域的法规

建议江西省在修订和完善现有法规的基础上，尽快出台促进环鄱阳湖生态经济区建设的核心法规，以及重点领域的综合性法规和专项法规。

1. 制定核心法规——《江西省环鄱阳湖生态经济区建设条例》

环鄱阳湖生态经济区建设需要一部基础性、核心的法规来系统推进。

要正确处理好《江西省环鄱阳湖生态经济区建设条例》与现有资源环境法规和循环经济法规的关系。《条例》的制定必须遵守国家资源环境法规和循环经济法规，同时《条例》要尽量避免与江西省现有的资源环境法规重复，既要包含生态经济的主要内容，又要为具体领域的立法指明方向，留出空间。对于现行立法已有规定的内容，《条例》应当总体重申现行立法确定的基本原则、政策、方针；对于现行立法未作规定的内容，《条例》可以规定细致、全面的法律制度，以保证法律的可操作性。

关于《条例》的法律性质问题，鉴于生态经济区建设体现了江西省对经济活动的调控和指导，更多的具有经济法的特点，将《条例》的性质定位为经济法比较适当。但同时应注意，生态经济区建设的目标是取得经济效益和生态环境效益的“双赢”，其制定和实施都与资源、环境和生态保护紧密相关，因而《条例》

是一部与资源环境密切相关的经济法。

《条例》内容应重视以下几个方面：（1）生态经济的定义和生态经济区的范围；（2）生态经济区建设的管理体制和协调机制；（3）生态经济区建设过程中江西省政府与环湖各地方政府的权利和责任的划分，环湖各地方政府之间权利和责任的划分；（4）生态经济区规划制度；（5）污染物总量控制制度；（6）延伸生产者责任制度；（7）生态环境补偿制度；（8）政府绿色采购制度；（9）政绩考核制度：对生态经济区内各地方政府的政绩考核制度应突出资源能源利用效率、环保和生态等指标，改变过去那种重 GDP 增长轻环境保护的倾向。

2. 以《清洁生产促进法》和即将出台的《循环经济法》为主要依据，制定《江西省循环经济条例》

清洁生产本身是企业层面发展循环经济的核心内容，《清洁生产促进法》已于 2003 年颁布实施。在制定循环经济法时，专家学者们充分讨论了如何处理《清洁生产促进法》和《循环经济法》的关系问题，最终确定循环经济法作为综合法，着重加强规范生产消费活动行为的基本制度体系建立，尽可能降低两部法律有关内容的重复。鉴于江西省目前还没有制定清洁生产和循环经济方面的法规，因此可将二者结合，统一制定一部《江西省循环经济条例》，而不再单独制定清洁生产法规。这样做既可以使循环经济条例的内容更为细化和充实，也可避免与环鄱阳湖生态经济区建设条例有关内容的重复和交叉。环鄱阳湖生态经济区建设条例注重基础性、宏观性、系统性，调整范围为环鄱阳湖生态经济区；而循环经济条例规定的内容具体细致，调整范围为环鄱阳湖生态经济区及江西省其他管辖范围。

3. 鉴于流域水污染防治的紧迫性，应尽快出台《鄱阳湖流域水污染防治条例》

目前，国家和许多地方政府均出台了流域水污染防治方面的专项法规，鉴于鄱阳湖流域对江西省的重要性，以及当前面临的污染防治形势，建议尽快出台《鄱阳湖流域水污染防治条例》。条例应该着重考虑行政管理体制、跨行政区合作机制、生态补偿机制、公众参与等问题。

4. 以《江西省资源综合利用条例》为主要依据，制定资源综合利用方面的各专项法规

以生态经济理念修订和完善《江西省资源综合利用条例》，在此基础上进一步制定《江西省报废汽车回收利用管理办法》《江西省报废汽车回收利用管理办法》《江西省废旧家电回收利用管理办法》《江西省电子废弃物回收利用管理办法》《江西省废旧轮胎回收利用管理办法》《江西省包装物回收利用管理办法》和《江西省建筑材料回收利用管理办法》等专项法规，对各行业或领域资源节约、废旧资源回收、再生利用和处置的有关问题进行具体规定，特别是要制定行业准入标准，以规范当前废旧物资回收利用行业的混乱局面，遏制二次污染问题。

5. 根据国家和江西省有关法规，借鉴发达国家经验，制定《江西省绿色采购条例》

根据《节能产品政府采购实施意见》（财库［2004］185号）、《关于建立政府强制采购节能产品制度的通知》（国办发［2007］51号）、《江西省加强政府机构节约资源工作实施意见》、《江西省政府采购暂行实施办法》（赣财预字［1995］35号）和其他有关规定，以及借鉴日本、德国等发达国家的经验，制定《江西省绿色采购条例》。条例主要内容应包括绿色采购的范围、标准、程序、绿色产品信息披露等。

（三）以生态经济理念为指导，修订和完善江西省现有法规

在《江西省环鄱阳湖生态经济区建设条例》和《江西省循环

经济条例》制定出台后，应以这两部条例为基础，系统梳理现有法规中存在的问题，进行修订和完善。

在能源领域，《江西省实施〈中华人民共和国节约能源法〉办法》是依据1998年实施的《节约能源法》制定，其中的许多规定已不能适应当前的需要，建议江西省对其进行修订，制定《江西省节约能源条例》。《条例》应以2008年4月1日实施的新《节约能源法》为主要依据，并突出环鄱阳湖生态经济区建设方面的规定。对于发展可再生能源方面的规定，可以在《条例》中规定，也可以根据需要出台可再生能源方面的专项法规。

修订《江西省矿产资源开采管理条例》，尤其要注意其中涉及采矿权和资源税、资源补偿费、采矿权使用费和采矿权价款等条款，在不违反国家有关规定的前提下，适当扩大资源税费的征收范围和提高征收标准，理顺资源性产品的价格；对浪费资源，破坏和污染环境的行为给予严厉惩罚。

在污染防治方面，原《江西省征收排污费办法》（1990年制定，后两次修订）已废止，建议根据新《水污染防治法》（2008年）和新《江西省环境污染防治条例》（2008年4发布了征求意见稿）制定排污收费专项法规，提高收费标准，规范排污费的使用，严禁挤占挪用排污费。

在生态保护方面，根据生态经济区建设的实际情况，进一步研究是否需要修订《江西省鄱阳湖湿地保护条例》，或者出台《江西省鄱阳湖流域生态保护条例》，将鄱阳湖流域的五大河流——赣江、抚河、信江、饶河和修河，纳入立法范围。

此外，系统梳理现有宏观经济政策，修改或者废除不符合生态经济理念，与生态经济区建设不一致、不协调或冲突的政策，使政策与法规保持一致，杜绝有法不依、执法不严的行为。

（四）注重环湖各市区县有关法规政策的协调与一致

环湖各区域是进行生态经济区建设的中坚力量，各地要树立环湖经济一体化的意识，顾全大局，加强合作，不出台阻碍生态经济区建设的土办法、土政策，承担起促进鄱阳湖区域经济发展和生态环境保护的责任和义务。具体可先从以下几方面入手：

一是建立环湖各区域协调小组。协调小组成员应包括南昌、九江、上饶、鹰潭、抚州、景德镇6市和5河流域涉及的5个设区市。由协调小组统一协调区域之间、流域上下游之间生态经济建设过程中遇到的重大问题。

二是建立信息共享机制。通过定期召开协调会议、建立网络平台等措施，共享经济规划、产业发展布局、污染排放、统计数据等方面的信息。

三是建立跨界水污染纠纷解决机制，防止突发性环境事件造成重大污染后果。

四是环湖各区域在制定对流域生态环境保护有重大影响的法规、规划、政策时，征求生态经济区内其他各市县的意见或建议。

五是对环湖各区域制定的重大规划进行环境影响评价，这在《江西省鄱阳湖湿地保护条例》中已有明文规定，不过该条例的适用范围是鄱阳湖湿地。建议根据生态经济区建设的实际情况，适当扩大进行环境影响评价的范围。

（五）加强法制宣传，提高干部群众依法参与建设的意识

通过采用报刊、电视、因特网、公益广告、中小学环境教育、报告、讲座和培训等多种形式对生态经济区建设的法律法规进行宣传。

一是充分发挥报刊、电视公益广告等公共媒体的宣传功能，及时宣传生态经济区建设的法规、政策、规划等信息，充分调动公众的积极性，引导和倡导建设环鄱阳湖生态经济区。

二是建立环鄱阳湖生态经济区建设网站，并设立法规政策专栏，宣传和普及生态经济区建设的法规。

三是编制生态经济建设法规方面的书籍和宣传手册，普及国家、江西省相关的法规政策；还可以翻译发达国家在发展循环经济、污染防治、生态建设方面的法规，供大家参考。

此外，针对不同人员可以采取不同的宣传方式。针对政府工作人员，通过报告会、学术讲座和举办生态经济培训班等形式，提高他们的依法建设意识。针对企业高级管理人员和环保负责人，加强法规宣传和培训，使他们懂法、守法。重视绿色学校的建设，把生态环境教育纳入学生法制教育的内容。

总之，通过形式多样的法律法规宣传，增强干部依法执政的意识，提高企业和公众参与的积极性，形成依法推进环鄱阳湖生态经济区建设的良好环境。

调 研 报 告 二

青海柴达木地区发展循环经济进展调研

在2007年至2008年间，本人参与了国务院西部开发办委托的“西部地区特色优势产业节能减排问题研究课题”和国务院节能减排领导小组办公室委托编写的反映全国节能减排进展情况的书籍——《中国节能减排2008》，通过书面调研的方式收集了全国（包括柴达木地区）发展循环经济和节能减排工作进展情况，形成了如下调研报告。❶

一、基本情况

柴达木地区地处青藏高原北部，位于青海省海西蒙古族藏族自治州（简称海西州）境内。区内矿产资源十分丰富，素有青海省“聚宝盆”之称。截至2004年底，已累计发现各类矿产86种，占青海省的64%，占全国的50%。地区保有资源储量潜在经济价值达16.27万亿元，占青海省总价值的95%，占全国13%。柴达木地区是该省资源开发的重点地区和重要的新兴工业基地，也是国家实施西部大开发的重点地区之一。2005年10月27日，经国务院批准，青海省柴达木地区被国家发展改革委等

❶ 本报告还参考了青海省发改委、中国国际工程咨询公司2006年编制的《青海省柴达木循环经济试验区实施方案》。

六部委列为国家第一批 13 个循环经济试点产业园区之一。

近年来，特别是西部大开发战略实施以来，海西州坚持以科学发展观为指导，以资源优势为依托，以资源开发为主导，不断拓宽资源开发的领域和空间，不断提升资源开发的层次和水平，大力发展优势产业。在石油天然气、盐湖化工、有色金属工业、煤炭工业等产业发展方面，油气资源勘探开发、百万吨钾肥、东西台盐湖钾锂硼资源开发、大盐滩钾资源开发、大风山天青石选矿、纯碱、甲醇、焦化、肯德可克铁矿、百万吨钾肥综合利用、盐湖碳酸锂、滩间山金矿以及大煤沟、鱼卡、聚乎更、江仓煤炭开发等一大批工业项目相继建成和开工建设，涌现了一大批以青海油田公司、青海盐湖集团、西部矿业、中信国安、青海碱业、庆华集团、金瑞矿业等企业为代表的骨干企业，有力地推动了柴达木特色优势产业的发展。

2006 年，柴达木地区生产总值达到 170 亿元，人均 GDP 突破 5 000 美元；地区一般预算收入增长 51.8%，达到 30.59 亿元，增幅居青海省第一；工业增加值超过 100 亿元，居青海省第一；城镇居民人均可支配收入增长 11.5%，达到 9 691.37 元，农牧民人均纯收入增长 12.3%，达到 2 586.92 元，分别居青海省第一位和第二位。

二、发展循环经济的主要措施

柴达木地区按照“依托交通干线，围绕优势资源，培育特色产业，发展循环经济，建设一区四园”的思路，先后编制并论证通过了《柴达木循环经济试验区实施方案》、《柴达木循环经济试验区总体发展规划》、《柴达木地区循环经济特色优势产业发展规划》以及格尔木、德令哈、乌兰、大柴旦 4 个工业园区产业发展规划。

（一）依托交通干线，促进试验区建设

依托青藏铁路、国道109、215、315线和地方公路干线，全面实现等级化和黑色化的有利条件，以格尔木、德令哈、大柴旦为结点的南达西藏、西连新疆、北接甘肃、东通西宁的交通网络，实现公路、铁路与资源开发地的连接，把一区四园、矿区紧密连结起来，促进资源向条件好的园区集中和聚集，构筑发展柴达木试验区的基础。

（二）围绕优势资源，培育特色优势产业

依托盐湖资源优势，以盐湖资源综合利用为核心，以盐湖卤水资源利用最大化为目标，大力发展盐湖化工产业，协调发展煤化工、石油天然气化工、有色冶金工业等优势产业。通过产业"链接"，形成以盐湖化工为龙头，石油天然气化工、煤化工、有色金属以及电力、建材工业等多产业横向扩展和资源精深加工的纵向延伸相结合的循环型产业链。

一是围绕盐湖卤水资源综合开发，以钾、钠资源开发为基础，以镁资源利用为突破口，深化盐湖资源的合理、有效利用，构建盐湖化工产业群和产业链，做大做强盐湖化工产业，使柴达木成为世界有影响、全国最大的盐湖化工基地。争取2020年柴达木盆地的钾系列产品达到600万吨，使柴达木成为全国最大的钾系列产品基地。

二是围绕盐湖资源开发利用的需要，构建与盐湖化工产业相融合的煤化工/煤焦化产业链。以煤的清洁利用为龙头，采用先进的整体煤气化联合循环（IGCC）发电技术，建设煤、电、化一体化装置，构建以煤气化为核心的多联产能源化工系统循环产业链，发展煤制烯烃、合成氨、尿素等产品，为盐湖化工和氯碱化工的发展提供原料，延伸产业链；把焦煤开发与焦化产业紧密

结合，以焦炭、煤焦油等产品为主导，构建焦煤开发—焦炭及焦油综合利用的煤焦化一体化产业链。

三是利用石油天然气资源，积极推动石化产业与盐化工产业的融合，构建区域性石油天然气化工基地。重点生产本区域所需的高品质汽油、柴油和航空煤油，开展润滑油、脂的加工生产，填补区域空白；积极推动石化产业与盐化工产业的融合，发展甲醇、聚丙烯、聚氯乙烯等下游产品，建设区域性石油天然气化工基地。

四是积极开发有色金属资源，适度发展冶炼产业，构建有色冶金产业链。考虑柴达木盆地内以及周边地区的有色和黑色金属资源利用，合理规划布局金属冶炼项目，适度发展冶炼产业和精深加工产品；有效利用冶金项目副产的硫酸与盐湖化工相结合，发展盐化工产品，延伸盐化工产业链。

（三）积极进行资源节约利用和综合利用

在资源领域，以综合开发为前提，以有效配置为手段，以产业链为纽带，以核心企业为重点，加快构筑主导产业，推进产业链的相互融合，促进企业之间形成原料、中间体、产品、副产品及废弃物的互供共享，实现资源的减量投入、集聚生产和循环利用。

在能源领域，提高石油天然气和煤炭的利用技术，采用新型节能技术，调整和优化园区能源供需结构，推进园区能源设施的大型化、规模化，规划好供水、供电、供汽、污水处理等综合配套设施，推行集约型能源消费模式。

在环保领域，选择清洁生产工艺与设备，从源头削减污染，提高资源利用效率，最大限度地降低单位产品物耗、能耗、水耗和污染物排放。

在管理领域不断地提高科学决策的水平和效率。尽快建立起较为完善的循环经济发展框架、运行体制、政策体系和科技支撑体系，努力构建新型经济发展模式。

（四）建设“一区四园”，打造柴达木循环经济发展模式

“一区”指柴达木循环经济试验区，是以“资源开发、综合利用”为核心，以“高效利用、低度排放”为特点的资源型、区域型循环经济特色产业示范区。“四园”指以盐湖化工、石油天然气化工、金属冶金产业融合发展为特色的格尔木工业园；以盐碱化工、硅产业、新型建材产业融合发展为特色的德令哈工业园；以煤焦化工产业发展为特色的乌兰工业园；以能源、煤化、盐化一体化发展为特色的大柴旦工业园。重点在这四个循环经济示范园区布局一批特色优势产业项目，尽可能集中工业布局、集聚产业、形成规模，构建结构合理、组合优化、配置高效的循环经济产业群，实现专业集成、投资集中、资源集中、效益聚集、循环利用的柴达木循环经济发展模式。

三、发展循环经济的制约因素

虽然柴达木循环经济试验区建设发展迅速，取得了一定成绩，但由于试验区底子薄、基础差，进一步加速发展中还存在许多困难和问题。

（一）基础设施薄弱

总体上看，柴达木地区的水、电、路等基础设施依然不能满足资源的开发和经济的发展要求。电力方面，目前马海、大盐滩、茫崖、肯德柯克等重点矿区仍然没有大电网覆盖，制约了资源的开发。一是交通方面，海西州 22 条矿区道路除天峻至木里

煤矿建设了一条二级油路外，其余矿区道路均是简易便道，资源、产品运输难度大，成本高，锡铁山至东西台等区间铁路没有建设，青藏铁路二线工程“十一五”末尚能全线开通，格敦铁路计划明年开工建设，格库铁路列入“十二五”规划，预计“十一五”末试验区资源运输总量达到 3 940 万吨，“十二五”末达到 7 177 万吨，资源、产品的运输压力大。民航格尔木机场开通的航线少，德令哈机场从“十五”到现在因为种种原因一直没有开工建设，区域内没有形成航空交通网，限制了对外交流。二是水利方面，工程性缺水严重，目前工业园区中急需要建设的德令哈蓄集峡水库、格尔木南山口水库没有资金来源，在一个时期内难以开工建设。柴达木 13 个万亩灌区改造工程虽已列入国家规划，但国家水利设施投资主要投向大江大河的治理方面，对于西部的小水利、小灌区改造缺乏投资力度，农业用水量大，节水设施建设滞后，大水漫灌现象普遍，水资源浪费严重。

（二）科技创新能力不足

一些制约循环经济发展的技术瓶颈、共性问题和相关产业链接技术难题还未解决，也缺乏高水平、多层次、稳定型的科技支撑与服务网络体系。如在盐湖水氯镁石脱水工艺、硫酸型盐湖直接提取硫酸钾工艺、低品位硼矿除杂工艺、天然气生产乙炔或乙烯工艺、高纯氧化锌生产工艺、高纯碳酸锶生产工艺等关键性技术上至今未能取得产业化突破，产品仍处于低级阶段。

（三）资源勘察程度低

目前，除察尔汗盐湖、柯柯、茶卡盐湖勘察程度较高，石油天然气资源国家加大投资勘察外，其余地区如东昆仑、柴北缘矿产资源，青藏铁路沿线成矿带，柴达木盆地水资源等方面投入严重不足，资源勘察十分滞后，后备资源储备不够，将严重影响柴达木循环经济试验区的发展。

（四）节能减排压力大

试验区工业的快速发展导致节能减排压力不断增大。2008年，试验区规模以上工业单位增加值耗能仅比2007年下降了4%，仅比2005年下降了2.52%；单位面积水资源仅为全国平均水平的14.23%，但万元GDP用水量却是全国平均水平的1.9倍。此外，随着试验区工业企业的增多，大量二氧化碳等温室气体的排放将导致柴达木盆地温室效应的产生。这些问题如处理不当，不但会对当地生态环境带来影响，还将制约试验区的进一步发展。

（五）促进循环经济发展的政策不完善

目前，试验区建设还处于起步和探索阶段，优惠政策除国家西部大开发政策外，执行的均是国家现行政策。由于试验区缺乏扶持循环经济发展相对优惠的投资、财税、信贷、环保、政策法规、科技创新和研发等方面的政策综合配套措施支撑，还没有从政策、制度等方面建立与循环经济试验区发展相适应的保障体系。

四、政策需求

为加速柴达木循环经济试验区的建设和发展，迫切需要从政策扶持、科技投入、基础设施建设等方面加大对实验区的支持力度，为试验区建设营造宽松的体制机制环境。

(1) 在产业准入政策方面，对试验区项目实行分类指导，在不降低技术水平和环保标准的前提下，适当放宽和降低项目建设规模、资本金比例等市场准入条件。

（2）在财税政策方面：一是建议改变资源税征收方式，并下划税收调整权限。目前资源税实行“从量计征”的征收方式，难以全面体现资源的有效利用和保护资源的效果，建议将“从量计征”改为按照产品的单位销售价格进行从价计征。建议对油气资源税采取源头征收方式，并将资源税税率和税目的调整权限下放给省政府或试验区。由省政府或试验区根据不同的资源提出资源税的征管方式和征收税率，逐级上报备案确定。二是建议试行增值税转型政策，对油气化工、盐湖化工、金属冶炼和加工、煤化工、农畜产品加工等行业具有一定规模和技术含量的项目扩大增值税进项税额抵扣范围；对钾肥增值税实行“先征后返”的政策。三是开征试验区可持续发展基金。为促进资源的综合利用，更加有利于试验区资源的加工增值和下游产业的发展，有利于生态环境保护和治理，建议对石油天然气、盐湖、煤炭和黑色有色金属等矿产品按其当期市场价格的2%～3%征收试验区可持续发展基金，专项用于资源的综合利用、节能减排和环境恢复治理。四是提高试验区部分矿产资源偿费的征收标准。建议试验区内征收的矿业权价款和矿产资源补偿费全额返还，用于矿产资源勘察，矿山生态治理和矿产资源管理。

（3）在金融信贷政策方面，一是建议国家开发银行在试验区设立分行，增加对试验区贷款额度。适当降低商业银行对贷款企业自有资本金的比例，资本金额度达到项目投资总额20%以上的企业，在信用评估合格的前提下，银行准予贷款；二是建议支持试验区内各类所有制企业在国内外资本市场上市融资，放宽企业债券发行额度限制。降低对企业净资产赢利能力要求，允许企业采取多种担保方武，发行债券进行融资。

（4）在科技创新方面，加大对试验区循环经济领域中资源综合利用的科技投入，对试验区循环经济发展中急需解决的基础课题、延长产业链的相关课题给予研发经费支持。一是将高新技术产业园政策用于试验区；二是将试验区重点项目列入国家科技支撑等相关计划；三是大力支持试验区骨干企业建设重点实验室、技术工程中心、企业技术中心等。

（5）加大投入力度，支持试验区基础设施建设和资源勘察。如对试验区园区污水处理厂及配套管网、供排水管网建设、公路基础设施建设、矿产资源勘探、水资源勘探等方面，加大政府资金投入，同时拓宽资金渠道，鼓励和支持有能力的企业参与建设。

调研报告三

天津经济技术开发区环境保护和发展循环经济的经验调研

天津经济技术开发区是国家第一批循环经济试点单位，是国内发展循环经济成效最好的园区之一。2008 年 5 月，我跟随中国人民大学环境学院课题组前往天津经济技术开发区对其发展循环经济的做法进行调研，形成了如下调研报告。鉴于发展循环经济与环境保护的密切联系，本报告从天津开发区环境保护的历程出发，分析其环境保护理念的变化、采取的相应措施和取得的主要成效。通过分析，我们可以深入了解天津开发区发展循环经济的由来和具体内容。这样可以使我们走出当前忽视“末端治理”和其他一些环境管理手段，把循环经济“空洞化”、“虚化”、片面化的误区，以期能为其他区域发展循环经济和进行环境保护提供借鉴，并为国家有关部门制定循环经济政策提供参考。

一、天津开发区环境保护历程及循环经济的由来

天津经济技术开发区（以下简称天津开发区或开发区）是 1984 年经国务院批准成立的首批国家级开发区之一。建区以来，天津开发区始终把环境建设放在区域开发建设的重要位置，充分发挥外向型经济的优势，依托国际环境合作项目，提升自身的环

境保护理念和管理水平，逐渐从末端治理转向源头预防和全过程控制，努力实现以环境环境保护优化经济增长。

（一）以末端治理为主的阶段

从1984年至20世纪末，天津开发区的环境保护主要以末端治理为主。建设之初，天津开发区主要在原来的盐碱荒滩进行土地开发和基础设施建设。这一时期企业数量少，各种污染物排放总量较低，环境问题尚不突出。但由于天津开发区原址多为盐田等盐碱土地，自身生态环境极度脆弱，因此开发区政府从建区之初就比较重视生态环境问题。为了改善投资环境，吸引国际投资，天津开发区于1985年成立了环保办公室，1987年成立园林绿化公司，1990年成立环境监测站，致力于盐滩土壤的改良和生态环境建设。

经济的快速发展，使得天津开发区的环境问题逐渐突出。为了解决开发区面对的环境污染问题，进一步改善投资环境，于1992年正式成立了开发区环保局，主管开发区的环境保护工作。这一阶段开发区环境保护手段以末端治理为主，包括加强对污染源的管理，督促企业依法履行环保责任，保证污染治理设施的正常运行、排放污染物达标和实施总量控制等。同时，开发区充分发挥外向型区域的优势，争取国际资金支持，1995～1997年利用世界银行20万美元贷款开展了《天津开发区区域评价及经济环境规划的研究》，提出了在开发建设中面临的主要环境问题及对策建议，对开发区的土地功能区划、基础设施建设、资源配置、产业结构调整发挥了重要作用，保证了区域建设向着有利于环境保护的方向发展。“九五”期间，开发区建成了区域性污染集中治理设施。一是利用挪威政府贷款，投资1.8亿人民币建设日处理能力为10万吨的污水处理厂，采用当时世界先进的SBR工艺对污水进行集中处理；二是利用奥地利政府贷款，投资

4 000 万人民币建设日处理能力为 1 000 吨的电镀废水处理中心，对电镀废水进行集中处理。

（二）由末端治理向源头和全过程控制转变的阶段

进入 21 世纪，天津开发区的经济呈现加速发展的态势，继续保持快速、健康增长，经济规模不断扩大，经济效益稳步提高，经济结构进一步优化，综合经济实力进一步增强。这一时期，天津开发区已开始注重发展速度和质量，不但经济发展走在了全国同类开发区的前列，环境保护工作也更上了一个台阶，由末端治理逐步向源头和全过程控制转变。

为了将符合国际惯例的环境管理模式切实引入到开发区的管理工作之中，开发区于 2000 年 3 月全面启动 ISO14000 国家示范区创建工作，同年 12 月被原国家环保总局命名为“ISO14000 国家示范区”。ISO14000 环境管理体系的引入和实施，是开发区环境保护工作的重大转折点，使开发区的环境管理模式逐步走向了国际化。

2001 年 7 月，开发区实施了原国家环保总局和联合国环境规划署（UNEP）共同拟定的“中国工业园区环境管理试点”项目，明确了建成生态工业园的远景目标，从清洁生产切入开始了生态工业园的建设，并对生态工业园的规划事宜做了相关准备。同年 9 月，与日本联合国大学零排放论坛和天津市环境保护局在天津开发区共同举办了“中日循环经济与零排放研讨会”，随后又组织有关人员前往日本北九州等地考察学习。通过举办“零排放”论坛和此次实地考察，开发区政府的环境保护理念得到了很大提升，更加坚定了要把天津开发区建成生态工业园的目标，并明确要推进循环经济和零排放的实践活动。

2002～2003 年期间，开发区组织编制了《天津开发区生态工业园建设规划》，对开发区产业结构的调整、生态产业链的构建、水资源和固体废弃物的利用、基础设施的生态化改造等都作了较为详细的规划。2004 年 4 月，开发区被原国家环保总局正式批准创建“国家生态工业示范园区”。2003～2005 年，开发区依托科技部 863 计划课题“天津市滨海新区城市水环境质量改善技术与综合示范”，结合原污水处理厂，建成了以再生水为补充水源，集生态渠净化、人工景观湖于一体的水环境和水资源再生循环利用系统。同一时期，开发区还启动了“中欧环境合作计划”试点项目，开始建立开发区工业固体废弃物管理系统。

（三）以环境保护和发展循环经济促进经济增长模式转变的阶段

随着经济的快速发展，开发区的土地、水、能源等资源和环境容量日趋紧张，再加上国家环保标准越来越严格，开发区面临的环境保护形势更加严峻，必须将环境容量作为一种生产性资源纳入投资决策核心，开发区开始步入以环境保护优化经济增长的阶段。

2005 年，鉴于开发区在建设生态工业园区和发展循环经济方面已取得的初步成果，国家发展改革委等六部委批准开发区为首批循环经济试点单位之一。开发区以此为契机，编制了《天津经济技术开发区循环经济试点工作实施方案》。该方案系统总结了开发区在环境保护，特别是建设生态工业和发展循环经济方面的基础工作，明确了开发区发展循环经济的主要任务和重点工作，包括构建循环经济产业链，提高土地、能源、水资源的利用效率，加强污水和固废的综合利用，改善大气环境等，并最终达到实现经济增长模式的转变和保护环境的目标。自 2005 年以来，开发区按照该方案，有计划有步骤地发展循环经济。一方面继续深化原有工作，包括推进 ISO14000 环境管理体系、清洁生产、水资源再生循环利用系统和固体废弃物管理系统的建设等；另一方面，加大政策引导，调整产业结构，引进“补链”项目，开展节能减排，促进工业生态化，以实现经济增长模式的转变。

二、主要政策措施

天津开发区从实行绿色招商、建立 ISO14000 环境管理体系、实施清洁生产、调整产业结构、加强“三废”治理等对方面，进行了环境管理。这些环境管理措施与开发区开展的许多国际国内环境合作项目是密不可分的。以下将对开发区的环境保护措施和涉及的大型合作项目结合起来进行分析。通过分析，我们可以看出开发区环境保护理念一步一步提升，并上升到发展循环经济的层面。

（一）严把项目入区关，实行绿色招商，杜绝高污染项目入区

天津开发区在大力发展经济的同时，严把项目入区关，严格执行环境影响评价制度，对于项目的土地投资密度、能耗、污染排放等指标予以严格控制，确保环保一票否决权，禁止高能耗、高物耗和高污染项目进入。对虽然眼下有市场，但技术落后、设备陈旧、带来严重环境污染的项目坚决不批，从而促成了一批技术含量高、品牌效益好的跨国公司入区发展。2005 年开发区每平方公里土地实现工业增加值 18 亿元，万元工业增加值耗能 181 公斤标准煤，耗新鲜水 6.91 吨，水、电、气、热等资源消耗增长速度低于经济增长速度。

（二）建立ISO14000环境管理体系，促进部门合作，提高区域环境管理水平

ISO14000是国际标准化组织（ISO）第207技术委员会（TC207）从1993年开始制定的系列环境管理国际标准的总称。它同以往各国自定的环境排放标准和产品的技术标准等不同，是一个国际性标准，对全世界工商业、政府等所有组织改善环境管理行为具有统一标准的功能。其标准号从14001至14100，共100个。我国于1997年4月1日由国家技术监督局将已公布的五项国际标准ISO14001、ISO14004、ISO14010、ISO14011、ISO14012等同于国家标准GB/T24001、GB/T24004、GB/T24010、GB/T24011和GBT24012正式发布。其中ISO14001中文名称是环境管理体系——规范及使用指南，于1996年9月正式颁布。ISO14001是组织规划、实施、检查、评审环境管理运作系统的规范性标准。

天津开发区于1999年开始建立区域ISO14001环境管理体系，于2000年获得ISO14000国家示范区称号。ISO140001环境管理体系的引入，是天津开发区环境保护工作的重要里程碑。众所周知，环保部门与其他各部门的合作机制不健全是我国环境保护工作的一大难题。而天津开发区通过建立ISO140001环境管理体系，使开发区的环境管理工作系统化、规范化、标准化，并且促进了环保部门与其他各部门的协调与合作，提高了区域环境管理水平。在开发区建立环境管理体系前，环境保护工作往往是由环保部门唱独角戏，工作的重心基本放在控制污染的排放上，而对于生态开发和建设、资源能源利用、消防安全、健康卫生等需要切实纳入管理之中的工作没有提到真正的日程。由于环境保护工作并没有在每个部门切实挂号，很多职能部门缺乏主动参与意识，一般只是被动地进行配合，造成环境管理系统性不强，更

缺乏必要的力度。在环境管理体系成功运行后，各部门通过理解并贯彻实施环境方针，接受了“从我做起、从我管好”的管理思想，开创了环境保护工作齐抓共管的新局面，取得了良好的环境效益。

开发区自 2000 年创建 ISO14000 国家示范区以来，一直坚持将该环境管理体系贯彻执行至今，并且结合清洁生产、建设生态工业园区和发展循环经济等最新理念或手段，及时改进体系运行情况。同时，通过运行 ISO14000 环境管理体系建立起来的各部门合作与协调机制对促进天津开发区循环经济的发展发挥了重要作用。

天津开发区 ISO14001 国家示范区的创建与运行

1. 创建背景

1996 年，ISO14000 系列标准正式颁布，该标准受到了各国普遍关注，从 1996 年至 1999 年，全球有 13 000 余家组织获得认证。1999 年，原国家环保总局在全国范围内开展了创建 ISO14000 国家示范区工作。天津开发区积极响应国家号召，决定在推行符合国际惯例的环境管理模式的同时，全面结合国家现行的管理制度，逐步将天津开发区建设成为区域环境意识强、环境管理制度化、资源利用合理、区域环境质量不断改善的可持续发展城区，并以此为契机，为区域的环境保护工作进行全新的定位，借以进一步改善开发区的综合投资环境。

2. 创建历程

（1）指导思想

在整个政府建立一体化的环境管理模式，由管委会及总公司系统各部门承担起自身工作中的环境责任，参与到各相关环境问题的管理之中，变以前“环境问题环保管”为“环境问题大家管”。

（2）前期筹备——组织机构的建立

开发区确立了以管委会主任为最高管理者、执行组负责具体组织工作、管委会及控股公司各有关单位共同参与体系运行的组织机构。管委会根据各部门原有职能，明确了相应的环境管理职能和各部门在环境管理体系中的工作职责，要求由各部门做好体系建立和运行的相关工作，并通过建立体系将环境管理工作渗透到各部门日常工作之中。

（3）初试评审

初试环境评审工作是建立环境管理体系的首要和基础性工作，分为 4 部分进行，包括识别环境因素、重要环境因素评价、收集和识别法律法规、制定环境方针。

天津开发区环境方针如下：“环境保护是天津开发区改善综合投资环境的永恒主题。开发区管理委员会将对辖区环境政策和行动承担最大责任，并要求单位和个人履行义务、承担相应责任。坚强环境建设，依法实施管理，积极引导公众参与环境保护；合理开发与利用资源，利用科技手段致力污染预防，不断改善区域环境质量；走可持续发展道路，实现经济、社会和环境协调发展。”

（4）确定环境目标、指标及管理方案

根据环境方针包含的工作要求，并未控制重要环境因素，管委会制定了 2000 年环境管理目标、指标及管理方案。

（5）编写体系文件

历时两个月集中编写了环境管理手册、环境管理体系文件和作业指导书，并进行了2个版次的修订，并分别由最高管理者、管理者代表和各部门负责人批准签发，作为指导开发区与环境相关行政管理工作的指南。

（6）体系试运行

2000年5月15日，天津开发区区域ISO14001环境管理体系文件正式生效，体系开始试运行。

（7）开展内审工作

2000年8月28日至9月8日，以执行组为核心，根据需要从各部门骨干人员中抽调出经过咨询单位培训合格的内审员，共同组成审核组，对开发区环境管理体系涉及的所有部门进行了内审，查找不符合原因，实施了整改。

（8）管理评审

结合内审结果和不符合整改情况，最高管理者召集各部门组织召开了管理评审会，进行阶段性总结和自我评价。

（9）审核认证

2000年10月下旬和11月中旬，中国环境科学研究院环境管理体系认证中心审核组对开发区区域环境管理体系的建立和运行情况分为两个阶段进行了正式审核。同年12月开发区通过验收，获得ISO14000国家示范区称号。

3. 体系运行及改进

在体系运行过程中，开发区根据标准要求及有关文件规定，有条不紊的开展各项工作，包括识别和评估环境因素，收集并确认新颁布的法律法规、对相关部门及人员进行宣传与培训、制定每一年度的环境目标指标及环境管理方案并予以严格落实、组织体系内审以及管理评审等。

为了将体系与各部门工作进行有机融合，在满足标准的基础上，灵活运用体系，使体系的运行真正促进工作的落实。例如，将城市综合整治定量考核及“创模”工作中的部分指标与每年制定的环境指标及管理方案相结合。

为了保证体系的持续有效运行，2005年根据实际情况的变化对原有体系进行了改进。根据部门的职能进行了体系组织结构的调整，新增两个成员单位。同时，依据ISO14000 2004标准对体系文件进行了换版；并对环境方针进行了修改，使之更加准确地体现出走新型工业化道路，发展循环经济，建设生态工业园区的发展观。

4. ISO14000体系的引入对开发区环境保护的作用和影响分析

第一，ISO14001环境管理体系的建立与运行，促使开发区政府的管理工作系统化、规范化、标准化，促进了各部门的协调与配合，开创了环境保护工作齐抓共管的新局面。

第二，促使环境保护工作内容从过去的污染控制拓展到生态开发和建设、资源能源利用、消防安全、健康卫生等各方面，使开发区环境基础设施建设、生态建设、资源能源的节约利用都上了一个台阶，环境质量得到进一步改善。

第三，提高了全民环境意识。通过采用报刊、电视、因特网、公益广告、中小学环境教育、环保征文、问卷调查等多种形式对环境保护和ISO14000进行宣传，形成了浓郁的环境保护氛围，公众环境意识和参与意识都得到了明显提高。

第四，推动了区内企业实施ISO14000系列标准，引导企业由单纯的接受政府行政管理向寻求自我约束的转变，有助于提高企业环境管理水平和环境绩效。

总之，ISO14001环境管理体系的建立与持续运行，为开发区开展更深层次的区域环境规划及建设工作提供了良好的基础，从而促进了生态工业园的建设、推进了开发区循环经济的深入发展。

（三）推动清洁生产，实现园区的源削减

清洁生产是企业层面发展循环经济的主要实践形式。天津开发区自2001年启动“中国工业园区环境管理试点项目”以来，逐步意识到推行企业的清洁生产工作，进行源削减对提高园区整体环境质量的重要性，并以清洁生产为切入点，开始自觉发展循环经济，建设生态工业园区。

1. 清洁生产工作的启动

（1）理念的宣贯与培训

自2001年7月，明确推行清洁生产工作是生态工业园建设的切入点之后，开发区管理部门通过举办“循环经济与零排放”研讨会、“中国工业园区环境管理研讨会”等大型会议，在政务网（http：//zw. teda. gov. cn）上设立清洁生产栏目，组织清洁生产培训班等形式，大力宣传清洁生产的概念及其所带来的环境与经济的双重效益，让企业比较全面的了解开展清洁生产的必要性。

（2）国际清洁生产宣言签字仪式

2002年5月举办了“天津开发区国际清洁生产宣言签字仪式”，包括开发区管委会在内共24家单位率先签署了宣言，他们作为开发区推动清洁生产的先头军对区内其他企业产生了带动效应。

（3）机构建设

为长期地推动并帮助企业建立环境管理体系、实施清洁生

产，2002 年 4 月天津开发区成立了“ISO14001 环境管理体系与清洁生产推动办公室”，其下设于环保局，主要工作为：通过制定政策、组织相关宣传和培训等措施，全面推动区内企业建立 ISO14001 环境管理体系，实施清洁生产，为企业提供尽可能的相关服务。

2. 清洁生产工作的深入展开

(1) 确定清洁生产审核名单

确定每年实施清洁生产审核的企业名单，由环保局监理科提供对内强制审核的企业名单（包括第一类企业和第二类企业），由环保局总工室提供自愿实施清洁生产审核的企业名单。

(2) 以清洁生产为主题组建第二期废物最小化俱乐部

本着自愿的原则，将拟订的需开展清洁生产审核的企业作为成员单位，组建废物最小化俱乐部。举办企业负责人参加的清洁生产高级研讨班，定期安排工作交流活动，帮助企业开展清洁生产审核和清洁生产方案的实施。

(3) 指导和跟踪企业清洁生产

为拟开展清洁生产审核的企业提供相关信息，包括津京地区审核机构名录，法律法规，专家库以及相关工作流程，并在审核完成后，跟踪、督促企业按照清洁生产审核报告中提出的实施计划，落实清洁生产实施方案。

(4) 评选清洁生产示范企业

对于实施清洁生产审核，节能、降耗、减污、增效成果明显的企业，经过申请、专家评议，确定为示范单位并推广其经验。

中国工业园区环境管理试点项目

——启动开发区清洁生产工作和确立建成生态工业园的目标

1. 项目简介

为了推进我国经济技术开发区的环境管理工作，原国家环保总局和联合国环境署（UNEP）共同拟定并实施“中国工业园区环境管理项目”，并选择了4个基础好的开发区进行环境管理手段的试点工作。天津开发区因为具有建立区域ISO14001环境管理体系及其他优越的基础条件，被原环保总局和联合国环境规划署确定为全国4个环境管理试点区域之一。试点活动的目的是启动天津开发区生态工业建设，为进一步规划和建设进行舆论准备；并进行前期调研，初步分析开发区内物流、能流情况，开创大型、综合性生态工业区建设的前瞻性研究与实践，为有力推动开发区经济、环境、社会的一体化发展奠定技术基础。

2. 项目内容或措施

（1）确定环境管理的远景目标和发展战略。

试点工作计划中，明确了天津开发区环境管理的远景目标，即建成生态工业园，并结合现实情况规划了实现这一目标的战略步骤，明确了开发区环境管理的发展方向。

（2）先进理念的宣传与研讨。

在不同层面、不同领域，利用各种媒体充分宣传生态工业和循环经济的理念。如2001年9月3～5日期间，与日本联合国大学零排放论坛和天津市环保局在开发区举办了“中日循环经济与零排放研讨会”，会议情况被《中国环境报》和泰达电视台等多家媒体报道，得到相关人士关注。

（3）清洁生产工作的启动和推进。

在该项目启动以前，清洁生产对于众多的区域企业而言是比较新的概念。因此，开发区环保局先后开展了一系列的活动来启动区域的清洁生产工作。主要包括：关于企业清洁生产工作的现状调研；举办清洁生产培训班，增强企业环保人员对清洁生产的认识；在泰达政务网上设立清洁生产项目，提供相关的知识和技术；组织召开企业清洁生产经验交流活动，形成企业间的带动关系，并将优秀的经验收集成册，便于交流与学习；以区内 20 多家企业签署“国际清洁生产宣言”为里程碑，从清洁生产切入，开始了生态工业园区建设；建立专门的清洁生产推动办公室，使企业和政府之间的交流渠道更加通畅。

（4）区域 ISO14000 环境管理体系的维护和企业 ISO14000 环境管理体系推动工作。

对区域 ISO14000 环境管理体系执行骨干人员进行了全面的培训；通过提供培训机会帮助企业提高环保意识，培养审核人员。

（5）环境管理信息系统完善工作。

在项目实施期间，开发区已开发了环境管理地理信息系统，正处于完善阶段。以 2001 年进行环境统计工作为契机，对区内企业进行调研，并将数据录入 GIS 系统和环境统计数据库，这两个数据库和排污申报数据库一并成为环境管理信息系统的主要组成部分。

（6）生态工业园规划事宜准备。

通过开发区管委会主任会讨论，一致认为编制生态工业园规划是十分必要的，并由环保局负责征集了生态工业园规划项目建议书，并对各单位建立项目进行了评议和筛选，形成了开发区对生态工业园规划项目的设想，编制了项目委托书。

3. 项目实施后对开发区环境保护的作用和影响分析

第一，增强了开发区政府各部门和企业对清洁生产、生态工业理念的认识。通过与日本联合国大学共同举办的"中日循环经济与零排放研讨会"、面向管委会初级领导的生态工业理念的宣传、各部门环境管理体系的骨干人员培训以及各部门内部的环境管理培训等活动，进一步提高了开发区管委会全员的环境意识和管理能力；开发区环保局组织举办了清洁生产培训，增强了企业环保人员对清洁生产的认识。

第二，加强了政府与企业、企业与企业之间在环境管理上的互动关系。开发区拥有众多来之世界各地的知名企业，他们通常沿袭其总公司的环境管理理念和系统，因而在环境管理方面各具特点。开发区环保局通过举办各种清洁生产和环境管理体系的培训与交流，加强了企业与政府之间的互动关系，形成了企业之间的带动关系，使得一些优秀的管理经验能够被宣传，有助于更多企业（特别是中小企业）环境管理的改进。

第三，为生态工业园区建设奠定了舆论与技术基础。通过在开发区的各媒体上的专题报告和对管委会处级干部的专题培训，生态工业的理念得到充分的宣传，为今后具体建设项目奠定了舆论基础。同时，开发区环保局通过组织 2001 年环境统计、开发区企业能流、物流调研及地理信息系统的完善工作，初步建立了开发区环境管理的数据库。此外，园区管理人员通过与国内外专家的交流与学习，基本明确了天津开发区生态化改造的主要建设项目。这些工作为生态工业园的规划和建设提供了必要的技术保障。

综上所述，通过该项目的实施，开发区明确了建设生态工业园的目标和进行规划的必要性；并且启动了清洁生产工作，一直延续至今。开发区自此走上了自觉发展循环经济的道路。

诺维信（中国）生物技术有限公司实施清洁生产的主要做法和经验

1. 企业概况

诺维信集团是世界著名的酶制剂生产商，在国际酶制剂市场中占有43%的市场份额，是世界酶制剂领域的先导。作为诺维信集团的组成部分，诺维信（中国）生物技术有限公司（NZCB）由诺维信集团于1994年投资兴建，是集团的三个战略性生产基地之一，同时还作为诺维信中国酶制剂的销售中心致力于为中国提供酶制剂产品和技术信息，促进现代工业用酶在中国的生产和应用。诺维信坚持经济、环境和社会责任并重的3条底线发展原则，坚持可持续发展战略，并将这种理念落实到公司采购、研发设计、生产和销售的各个环节，为将酶这一自然、清洁的技术更好地应用于工业的加工工艺，为保护环境、造福人类做出应有的贡献。1999年，公司被天津市政府授予天津市市级节水单位；1998、1999、2000年，连续三年获得由天津经济技术开发区颁发的“环境保护优秀企业”称号；2000年，在园区内率先通过国际环境管理体系IS014000的认证；2005年，获得“国家环境友好企业”称号。

2. 主要做法

（1）基于ISO14001环境管理，致力于清洁生产和持续提高环境绩效。

诺维信（中国）生物技术有限公司在投产之初的 2000 年通过了 ISO14001 认证。公司制定和实施长期的环境发展战略，以保证和确信公司在业务扩大的同时减少相应的资源消耗和环境影响。公司采用最先进的生产工艺操作和控制，考虑并减少从原材料、能源的使用到产品应用的全过程中的环境影响。

（2）能源和水资源综合利用。

诺维信中国工厂使用外部供应的电力、蒸汽和水。公司每年都设立节约水和能源的环境目标，工厂的数据采集系统实时追踪和测评水和能源消耗地生态生产率指数（EPI），自 1998 年以来工厂生产吨发酵酶制剂产品的水和能源消耗每年都在降低。公司成立了节能和节水委员会以推动水资源的循环使用和能源的梯级利用，各车间也分别设有节水和节能小组。

（3）原材料的环境影响评估。

诺维信生产过程中使用的原材料包括糖、淀粉、矿物质、农产品和化学物质等。在新原料引入及对原料有新的科学认识时均不断对原材料进行评价，环境评价的目的是在开发新产品及应用新的生产过程时加强将环境方面考虑整合进决策过程。

SAP 系统的应用便于管理生产中对原材料的批准、采购、使用和库存控制，原材料的使用类别和使用量必须报告在诺维信的环境报告中，并接受严格的内部和外部审计。

通过原材料的环境影响评估程序，诺维信中国工厂最大限度地使用对环境友好的原材料，并考核在发展生产的同时减少原材料的使用量。

（4）污染预防和控制，资源再生。

诺维信中国工厂拥有最先进的酶制剂生产工艺控制系统，生产过程实施 GMP 和 HACCP 控制。有效的生产工艺和控制保证了产品质量的优质稳定，避免了不合理的物料和能源使用或浪费。环境和安全参数的操作控制嵌入正常的生产工艺操作控制中，工厂的各项污染物排放指标均大大低于国家和地方的排放标准限值。公司建立了完善的环境监测设施在线测量和报告环境数据，诺维信中国工厂每年接收普华公司的环境审计，以确保环境数据的测量和报告程序的有效性以及数据的真实可靠性。

3. 有关案例

（1）应用 Primus 技术设备替代使用纸板过滤技术。

诺维信（中国）生物技术有限公司 2006 开始在提取工艺使用 Primus 技术进行过滤，该技术不使用纸板等过滤介质，可以提高产品收率，过滤纸板的使用量和废弃纸板的产生量显著降低 50%。过滤纸板占诺维信公司填埋的固体废物的 70%。环境贡献显著。

（2）废弃物由单纯焚烧转向垃圾发电。

自 2007 年初开始，诺维信充分利用天津开发区的环境配套优势，开始将报废的产品由单纯焚烧转向垃圾发电。目前，公司利用自由设施生物降解和外送垃圾发电的报废产品量占全部报废产品的 86%。

（3）废水再用项目扩展。

诺维信公司一直将部分处理后的中水用于厂区和社区绿化，2006 年中水开始用于社区的环卫清洁，2006 年下半年公司自由污水处理厂开始在生产过程中回用中水。在水的重复利用率高达 96% 的基础上，每年还可以实现 6 万吨的中水回用。

（4）发酵生物废渣继续全部加工为肥料。

诺维信公司继续将全部的生物废渣加工为肥料，每年无偿提供给社区和农民约 2 万吨优质肥料。

通过上述各种做法，诺维信公司不但自身取得了较好的经济效益，成为环境友好型企业，更为重要的是对园区其他企业采取清洁生产、发展生态工业起到了带头示范作用，促进了园区清洁生产工作的展开。

（四）调整产业结构，发展静脉产业，促进废物资源化

根据循环经济理念，开发区围绕电子信息、生物制药、汽车制造和食品饮料 4 个支柱产业，引入“补链”项目，发展静脉产业[1]，优化产业结构，促进废物资源化和减排。

1. 开发区引入的“补链”项目

一是投资 1 亿元人民币的泰鼎股份有限公司，它主要从事电子线路板及电子废物的回收加工，将发展成为华北地区电子废物处理和回收加工中心。二是投资 475 万美元的东邦铅资源再生有限公司，它主要是对工艺废物及废旧产品采取回收分解的方式，提取再生铅、再生硫酸以及再生包装材料等，并将其作为原料重新输送到蓄电池生产过程中，特别是形成了原料铅—电解铅、合金铅—铅酸蓄电池—再生铅的闭合循环，延伸了汽车行业中以金属元素代谢为主线的生态工业链条。三是投资 2.85 亿日元的丰通资源再生利用有限公司，它主要从事汽车拆解和废钢回收，从

[1] 静脉产业一词起源于日本。在日本，人们把将废弃物转换为再生资源的企业形象地归入“静脉产业”，因为这些企业能使生活和工业垃圾变废为宝、循环利用，如同将含有较多二氧化碳的血液送回心脏的静脉。

而完善了汽车产业循环链条。四是注册资本500万美元的天津虹冈铸钢有限公司，它主要是利用丰田项目企业生产过程中的废钢，熔炼后制成钢锭，再提供给其他模具工厂作为原料，它是国内首家利用边角废料铸钢的企业。五是天津中新药业有限公司，它正在开展利用生物技术处理中药废渣生产高效有机肥并使之产业化的项目，该项目填补了国内中药行业废渣利用方面的空白，并将发展、推广而成为现代中药产业链中的一部分。

2. 开发区形成的循环经济产业链

电子信息业：摩托罗拉公司与开发区20余家相关企业，包括元器件及其辅助产品的生产企业，建立了以手机产品为核心的横向耦合关系，同时又主动与一些从事废物资源化的公司合作实现了废焊锡膏和废纸包装再生利用，在这些企业之间逐渐形成了以产品交换和副产品交换为特征的互利共生关系，形成具有一定规模的生态工业雏形。

生物制药业：诺维信公司将生产中产生的固体废物，如生物发酵残渣和污水处理活性污泥，加工改造成为优质有机肥料“诺沃肥”，应用于天津开发区及其周边的农田和绿地，形成了以诺沃肥为核心的生态链。此外，诺维信公司把废水处理后用于开发区的绿化灌溉，以及道路冲洗，形成了以水为媒介的生态链。

汽车制造业：包括日本、韩国企业在内的一大批汽车零部件配套企业落户开发区，表明了开发区汽车产业链发展正趋于完整和成熟。此外，天津虹冈铸钢有限公司和天津丰通资源再生利用有限公司的进驻，使得丰田汽车公司整车生产中产生的废物得到了资源化利用，形成了汽车行业中“资源——产品——废物——再生资源”的闭环循环流动。

统一工业公司较早开始实践生产者责任延伸，对其生产的铅酸蓄电池进行了跟踪研究，从工艺废物及废旧产品中提取再生铅、再生硫酸以及再生包装材料等，并将其作为原料重新输送到蓄电池生产过程中，形成了原料铅—电解铅、合金铅—铅酸蓄电池—废电池中回收再生铅的闭合循环。

食品饮料业：顶新集团采取了中心企业“康师傅”方便面与上游企业群簇发展的模式，形成了方便面生产上下游产品的稳定代谢。另外，从面粉的生产到废面、其他食品废物、废水的处理和综合利用过程中，物质在各组成企业间稳定循环，很大程度上实现了横向耦合、纵向闭合以及区域整合的跨产业生态共生关系。

（五）加强“三废”治理，促进废物“零排放”

1. 污水处理——建立污水再生循环利用系统

天津开发区非常重视废弃物的集中处置，从 1993 年起就开始策划建立城市污水处理厂和电镀废水处理中心，并相继于 1999 年和 2001 年建成运行。同时，开发区并不满足于对污水进行处理后达标排放，而是积极致力于区域水循环系统建设，促进污水再生循环利用，力争使区域废水达到“零排放”。为了促进区域水循环系统的建设，开发区于 2001 年 10 月成立了天津泰达新水源科技开发有限公司，承担开发区的水处理和新水源开发任务。目前，开发区已建成较为完善的水处理—再生—循环利用系统，包括污水处理厂、新水源一厂（建设部全国污水再生利用综合示范项目）、新水源二厂（国家发展改革委高新技术产业化项目）、海水淡化厂（国家发展改革委高新技术产业化项目）、人工景观河道和人工景观湖（天津市滨海新区城市水环境质量改善技术与综合示范工程，科技部高技术研究发展计划项目（863）等工程。

开发区区域水循环系统的建设，不仅促进了污水的再生利用，减少污水排放，而且还在高盐度污水生物处理、高盐度污水资源化利用、高品质再生水的大规模应用、电镀废水专业化处理和再生利用、利用人工水生态系统高效除磷脱氮、再生水大规模长时间用于景观建设、膜法污水处理等技术方面取得了重大突破。

此外，为了提高污水处理厂的运营效率，开发区积极探索污水处理厂市场化运营的方式，改组天津泰达新水源科技开发有限公司，成立天津泰达威立雅水务有限公司，开展污水处理厂的特许经营。

污水处理厂的市场化运营

——泰达威立雅水务有限公司的成立

全球最大的水务公司法国威立雅水务集团，2007 年 5 月 22 日晚与天津最大的国有企业天津泰达控股有限公司（天津泰达新水源科技开发有限公司的控股公司）签订了水务合资合作协议，使其在中国投资的水务项目总数达到 22 个。

根据协议，威立雅水务将与其合作方天津泰达投资控股有限公司合资组建新的水务公司——天津泰达威立雅水务有限公司。威立雅水务占新公司 49%的股份，其余 51%为泰达控股所有。新成立的合资公司的主要经营范围为：水处理系统工程集成；城市污水处理、工业废水处理、海水及苦咸水淡化处理；再生水、工业纯水、水处理设备销售；水处理设施经营管理、技术服务；水务领域投资。

合资公司在初期将通过引进先进技术和管理方法，对天津开发区污水处理厂及其附属设施实施委托运营。这个阶段合资公司管理的资产约 3 亿元。在未来几年，公司将扩大投资和经营范围，使其资产总额接近 18 亿元。

资料来源：http：//www. waterchina. com/main/Web/Article/2007/05/23/2234272343C83043. aspx.

国家863计划课题——天津市滨海新区城市水环境质量改善技术与综合示范工程

2003年1月，天津泰达新水源科技开发有限公司经科技部批准，承担国家技术研究发展计划（863计划）水污染控制与质量工程重大专项课题——天津市滨海新区城市水环境质量改善技术与综合示范。2006年2月该课题通过科技部的验收。

本课题针对天津滨海新区严重缺水状况及不断提高的城市水环境和景观水体生态系统建设需求，依托原有的污水处理厂和新水源一厂，将污水处理厂处理达标后的水引入位于污水处理厂北面和东面的人工景观渠，在这个渠里通过种植有利于进一步净化水体的植物达到对出水的继续净化，然后这些水进入会展区的人工景观湖，作为景观用水，美化泰达环境，涵养水源，再然后这些流动的水进入将建成的新水源二厂，经过深度处理，成为工业高纯水，并与海水淡化和新水源一厂连在一起，整个循环过程可以保证每天1.5万吨的污水得到景观利用和深度处理。

该课题的实施，对于天津开发区水循环系统的建设和生态环境的改善具有决定性意义。课题以生态净化处理技术为核心，综合集成国内外先进的净化处理技术和生态修复技术，研发了与生态处理技术相结合的景观水体生态强化净化技术、景观水体水质改善工程技术、再生水生态效应评价、安全利用技术、水环境生态系统综合规划方案及对策措施，融城市污水处理、水体生态净化与再生水利用工程于一体，形成了以再生水为唯一补充水源、适合北方滨海盐碱地区的城市水环境质量改善成套技术、系统方案和综合性工程示范。

目前，该工程已取得很大成效，不但对开发区的污水进行了深度处理和循环利用，而且改善了周边的生态环境，人工景观河道已形成较为稳定的生态系统，水生植物群落丰富，鱼虾成群，已成为人们休闲钓鱼的好去处。更为明显的是，人工景观河道周边的房价普遍上涨，环境治理的正外部性已逐渐体现出来。

2. 固废处理——建立全过程固废管理系统

在明确发展循环经济、建设生态工业园区后，开发区依托中欧环境管理合作计划项目，对其固体废物的管理进行了系统的研究，展开了卓有成效的工作，基本形成了工业固体废物从产生到最终处置的全过程管理模式。为了减少废物的产生，组建了废物最小化俱乐部；为了规范废弃物的回收、处理和处置，开展了工业固体废物标识管理。此外，在生活垃圾资源化方面，建成了双港垃圾发电厂；在固废处理方面，建成了垃圾填埋场。

（1）废物最小化俱乐部。

废物最小化俱乐部模式起源于英国、荷兰等欧洲国家，最早于 1989 年在荷兰组建了第一个废物最小化俱乐部，俱乐部核心企业通过技术交流、信息共享和实施废物减量化工作，取得了经济和环境的双赢。2003 年，“中国环境合作计划”将废物最小化俱乐部模式引入中国，于 2004 年 4 月 22 日成立天津开发区废物最小化俱乐部。开发区组织了由多名专家组成的废物最小化专家组，到俱乐部核心企业指导帮助废物最小化活动的开展，识别存在点问题并探寻新的废物最小化机会，提出改进方案。

废物最小化俱乐部的专家技术诊断过程与清洁生产审核有相似之处，因此废物最小化俱乐部活动实际上是推动清洁生产工作的一种新模式。在开发区开展废物最小化俱乐部活动伊始，《清洁生产促进法》尚未出台，开发区借鉴国际经验，引入了全新的管理模式，有力地促进了开发区的废物管理。在《清洁生产促进法》和《清洁生产审核暂行办法》颁布实施后，开发区将废物最小化俱乐部活动与清洁生产工作充分结合，于2006年7月开展了以清洁生产为主题的天津开发区废物最小化俱乐部第二期活动，取得了良好效果。

(2) 工业固体废物标识管理。

工业固体废物标识管理是在推进区域循环经济建设过程中，坚持全过程管理的原则，通过颁发“工业固体废物生态管理标识”鼓励和引导废物产生、回收、处理和处置企业遵纪守法、按照3R (Reduce、Reuse、Recycle) 原则进行废物管理，提高工业废物资源的利用效率，实现工业废物减量化、资源化和无害化。

天津开发区的工业固体废物标识管理是在我国尚未出台有关废物资源回收利用的法律法规，相关企业无明确的归口管理部门，日常的废物经营活动与行为也无人监管的情况下，而尝试的废物资源管理的新模式。可以看出，天津开发区依托国际项目，积极探索全新的管理方式，在工业固废的管理方面又走在了国内前列。随着《循环经济法》及其他相关法律法规的出台，开发区必将进一步规范它的工业固废标识管理，摸索出更好更适合开发区固废管理的模式。

(3) 垃圾发电厂。

开发区立足天津市，开展垃圾焚烧发电，促进生活垃圾资源化，并提供新型能源。2004年底，双港垃圾发电厂开始运行，项目设计可消纳天津市1/4的生活垃圾，形成日处理垃圾1 200吨，发电装机容量24兆瓦，年上网电量1.2亿千瓦时的能力，并可实现垃圾的无害化、减量化和资源化，是天津市最大的垃圾无害化处理项目，也是全国垃圾发电行业唯一的国家级示范项目。2006年，双港垃圾焚烧发电厂全年处理生活垃圾40万吨，累计处理生活垃圾69.66万吨，发电量8 889万度，实现上网发电量7 064万度，相当于为国家节省3.6万吨标煤，节省土地70亩。目前，日处理垃圾1 000吨的贯庄垃圾焚烧发电厂项目正在进行中，预计2008年能够实现运行。届时天津市一半以上的生活垃圾将实现资源化。

（4）垃圾填埋场。

除焚烧发电外，开发区无法利用的生活垃圾运往汉沽垃圾处理场进行填埋处置。汉沽垃圾处理场位于汉沽区西南13.5千米处的宁车沽，采用卫生填埋处理工艺，设计日处理生活垃圾700吨。目前，该垃圾处理厂日处理开发区、保税区、天津港、汉沽区垃圾270吨。二期扩建工程计划投资3.2亿元，占地1 400亩，建成后日可处理垃圾1 500吨。

中欧环境管理合作计划项目

——天津开发区工业固体废物管理系统

1. 项目简介

中欧环境管理合作计划（EMCP）是欧盟在环境领域对华援助规模最大的项目之一。该项目选择了4个试点工业园（区）来展示和证明良好的环境管理对中国工业园（区）所带来的巨大经济利益。天津开发区结合创建生态工业园区、发展循环经济的战略目标，成功申请成为试点园区之一。2003年8月该项目正式启动，执行期为4年。项目的主要宗旨是以循环经济、生态工业理论为基础，以提高资源利用率、减少环境污染、促进经济发展为目标，帮助管理部门完善固体废物管理机制，培育园区废物资源化能力；同时通过技术培训、建立信息平台等措施，帮助企业提高固废管理水平，为逐步实现全区工业固体废物的减量化、无害化、资源化的管理，建设生态工业园奠定基础。

2. 项目内容或措施

项目自2003年启动以来，在信息系统建设、废物最小化俱乐部、废物标识管理模式、管理战略、开展培训与宣传等方面进行了认真的研究和尝试。

信息系统的开发与建设：为全面了解开发区工业企业固体废物产生、处理处置以及资源化的基本情况，首先启动了信息系统建设，包括进行网上问卷——数据库——环保局统计系统的设计、工业废物交换网、中欧环境合作项目的网页。该系统于2004年初投入运行。

废物最小化俱乐部组织与建设：废物最小化俱乐部是由一组企业组成自愿性联盟，通过开展各种培训活动，使核心成员接受新理念、学到新技术、了解新的法律法规，进而掌握国际、国内市场走向；并通过彼此间的技术交流、信息共享或借助专家诊断发现问题，提出改进方案，实施专项计划，以达到减少原材料使用、提高工艺效率、减少废弃物和节约资金的目的。2004年4月，泰达废物最小化俱乐部第一期活动吸引了10家企业参与。2006年7月，以清洁生产为主题的俱乐部第二期活动又有10家企业自愿参加。

废物管理标识系统的组织与实施：废物管理标识模式的核心思想是通过政府主管部门（或授权部门）对企业授予工业废物“管理标识”的活动，表彰、宣传开发区遵纪守法、不污染环境，按照循环经济的3R原则回收、利用和处置工业废物的企业，引导园区工业固体废物的转移与利用向具有“管理标识”、操作规范的企业集中，减少废物转移、处理过程中的环境污染问题。开发区于2004年世界地球日（4月22日）活动大会上，给37个企业授予了天津开发区工业废物“生态管理标识”。

工业固废管理战略研究：在研究世界多个先进国家工业固废管理措施、法规、体制的基础上，对可供中国借鉴的经验进行了总结，并结合开发区实际，采用SWOT关键因素分析方法，进行了宏观战略的研究。

培训的组织与实施：为使本项目的宗旨被广大的企业了解，在信息平台建设、废物最小化、废物生态标识管理、包装废物管理等方面都进行了宣传和培训，并且翻译和编辑了10本欧盟废物管理方面的系列培训教材。

3. 项目实施后对开发区环境保护的作用和影响分析

第一，提高了开发区政府电子政务能力。工业固废信息平台的建设与运行，有利于政府管理部门调查固体废物的产生、回用、转运、回收、处置的各有关环节情况进行调查，为地区工业固体废物管理现状的评估奠定基础；减少了管理部门的统计工作量，提高统计工作能力。

第二，搭建了企业之间在废物管理方面交流沟通的平台。泰达废物最小化俱乐部的组建使企业之间能互相交流技术、经验、固废利用等方面的信息，有利于企业提高效率，减少固废产生。工业固废信息平台为企业参与国内国际范围内的工业固体废物交换提供了途径，为企业提供了“变废为宝”和资源化利用的信息。

第三，有利于深入推进开发区企业的清洁生产工作。泰达第二期废物最小化俱乐部以清洁生产为主题，为清洁生产理念的传播与推广提供了有效途径，并可以为希望开展快速清洁生产审核的单位提供专业支持。

第四，规范了工业固废的管理。通过对企业天津开发区工业废物“生态管理标识”的活动，引导开发区产生的工业废物合理流动、循环利用与无害化处置。这是在当前我国尚无相关法律规范废物资源回收利用的情况下，开发区借鉴国际经验探索出的一种管理工业固体废物的方法。

本项目是开发区在已经明确发展循环经济、建立生态工业园的背景下实施的。在项目实施期间开发区先后被原国家环保总局批准创建“国家生态工业示范园区”、国家发展改革委等六部委批准为首批循环经济试点单位之一。通过本项目的实施，开发区的循环经济建设落到了实处。

3. 大气污染治理——启动清洁发展机制（CDM）项目

在大气污染治理方面，开发区除了加大监管，监督企业污染物治理设施的安装和运行，推动节能减排等工作外，最为突出的工作就是开始了清洁发展机制（CDM）有关问题的研究和探索。2005 年 7 月 31 日，天津开发区管委会与意大利政府签下“泰达清洁发展机制研究项目”，意大利政府出资 70 万欧元无偿提供给泰达，用于泰达及滨海新区推进清洁发展机制、温室气体减排的可行性研究。由泰达环保公司提供温室气体减排项目的可行性项目清单，三方共同完成这些项目的前期工作。2006 年，开发区正式委托美国西图公司和泰达环保公司开展意大利清洁发展机制（CDM）项目的研究；并承办了泰达国际 CDM 研讨会及国际循环经济论坛，取得良好效果。

天津开发区启动区域规划性清洁发展机制项目

2007 年 11 月 5 日，开发区环保局与日本能源企划株式会社、日本一和一环境顾问股份公司、滨海中日能源管理（天津）有限公司签署合作协议，启动全国首个区域规划性清洁发展机制项目（PCDM）的可行性调查研究。

清洁发展机制是指由发达国家输出资金或技术，到发展中国家购买二氧化碳等温室气体减排量的通称。2005 年 2 月 16 日正式生效的《京都协议书》规定，发达国家可以在发展中国家合作温室气体减排项目，最后核准的温室气体减排量可以用于抵消他们承诺的数额。此前国际清洁发展机制项目（CDM）只认可单独项目申报，主要集中于风力发电、水力发电等大型项目上，导致很多中小企业虽从事了节能减排，但无法参与“碳交易”获利。为此，2007 年 8 月，联合国 CDM 委员会通过决议，在全球范围内开展区域规划性清洁发展机制项目，即允许某一地区若干个小型减排项目进行整合，统一申报。

此次天津开发区在全国率先启动 PCDM 模式的可行性调查研究，有关部门将组织专家深入企业进行能耗调查和诊断，为申报项目深入开展有关政策、技术等的调研。目前，开发区企业实施的蒸汽凝结水回收、非电空调、离网型太阳能发电、太阳能照明等节能项目都可参与。

开发区环保局负责人表示，PCDM 项目无疑是一个双赢的选择，可以让中小企业都尝到节能减排的甜头，进一步调动其节能减排的积极性，有效降低区域温室气体排量、减少污染、改善安全生产环境，更重要的是，此举是探索国内企业利用外资治污的一条新途径。

资料来源：http：//www.teda.gov.cn/cms/html/10/129/200711/430301.html.

三、取得的主要成效

通过引入先进的环境理念，采取清洁生产、发展循环经济等各种措施，天津开发区在经济快速增长的同时，环境污染得到有效控制，环境管理水平显著提高，生态环境不断优化，实现了投资环境、人文环境和生态环境的和谐发展，成为天津市综合发展指标最优、环境质量最好的地区之一。

（一）资源能源利用效率不断提高，达到国际先进水平

开发区在水资源、能源高效利用和废物资源化方面均取得了卓越成效。一是水资源利用率逐年提高。2001 年开发区万元 GDP 水耗为 7.5 吨，到 2006 年降低到 6 吨，远低于同期国内平均水平，达到国际平均水平，如图 3 所示。再生水销售量 104.55 万吨；工业重复用水率已达 90％以上，高出国内平均水

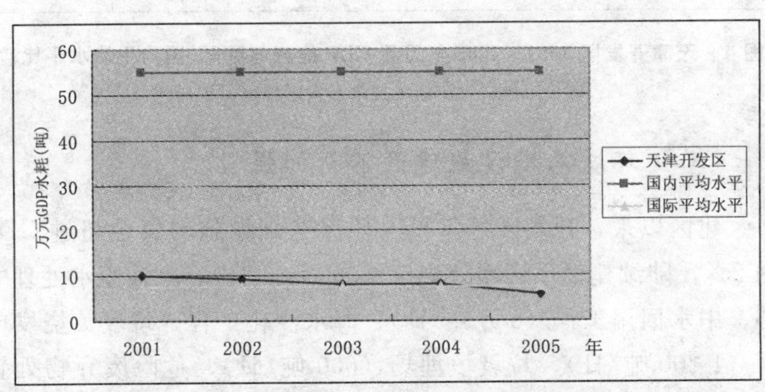

图 3　天津开发区 2001～2005 年万元 GDP 水耗与国际、国内平均水平比较

资料来源：天津经济技术开发区环境保护局

平 40 余个百分点，亦高于发达国家的 80%水平。二是能耗多年来维持在较低水平。2005 年，开发区万元 GDP 能耗为 154 千克标煤，远低于国际平均水平和国内平均水平，如图 4 所示。三是固体废弃物综合利用率较高。开发区通过再利用、再循环等多种资源综合利用途径，使固废综合利用率逐年提高，目前已高于 80%。

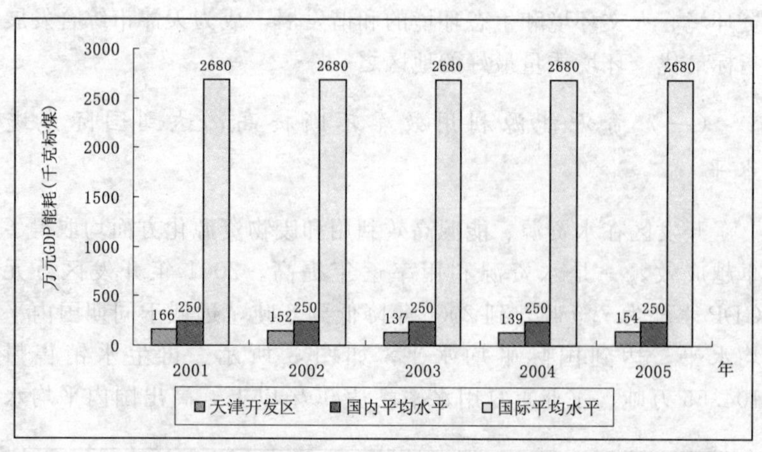

图 4　天津开发区 2001～2005 年万元 GDP 能耗与国际、国内平均水平比较

资料来源：天津经济技术开发区环境保护局

（二）环境基础设施建设不断加强

建区以来，开发区每年投入环保基础设施的资金超过 GDP 的 2%，陆续建设了污水处理厂（10 万吨/日）、电镀废水处理中心、中水回用工程（3 万吨/日）、海水淡化工程、垃圾焚烧发电厂（1 200 吨/日）、垃圾填埋场（600 吨/日）、危险废弃物处置中心、盐滩绿化工程等一系列环保基础设施；同时还建设了燃气热源厂、循环流化床锅炉热源厂、津滨轻轨、燃气汽车等环境友好的基础设施，为开发区在经济快速发展的同时保持环境质量良好稳定奠定了坚实基础。2006 年，天津开发区基础设施投资完成 24.21 亿元。历年累计基础设施投资完成 257.21 亿元，新增给水管网 25.74 公里，排水管网 64.13 公里，供热能力 390 吨/小时。2006 年末，全区累计形成给水管网 435.84 公里，排水管网 961.38 公里，供水能力 33 万吨/日，供热能力 1 446.3 吨/小时，供电能力 891 兆伏安，供燃气 200.8 万立方米/日，污水处理能力 13 万吨/日，雨水总排放能力 133.74 立方米/秒，污水总排放能力为 16.65 立方米/秒。

（三）环境管理手段多样化，监管能力不断提高

开发区的环境管理手段不断丰富，除行政手段外，近年来逐渐加大了引导型、激励型手段的运用。行政手段的运用包括对企业水污染、噪声和施工噪声的监控，危险废物的许可证管理，对重点污染源的在线监测，建设项目的环保审批等。引导型、激励型手段或方式包括工业废物"生态管理标识"、废物最小化俱乐部活动、号召企业开展清洁生产工作等，并出台相关优惠措施鼓励企业利用再生水、节能减排、发展循环经济等。强制性和引导型政策手段的综合运用，大大提高了开发区的环境管理能力和水平。

（四）生态环境不断优化

在绿化建设方面，形成了点、面、带的绿色生态网络体系。构建了宽 60 米的环城防护林带和贯穿东西的绿化带，完成了开发区西北部森林公园主体工程，建成了滨海广场和天津市最大的开放式公园——泰丰公园和泰达城市公园，在增加空气湿度、改良土壤和改善局部小气候等方面发挥了重要作用。2006 年，天津开发区新增绿地面积 107.00 万平方米。全区绿化面积达到 921.66 万平方米，绿化覆盖率 31.1%，人均绿地面积 79.26 平

方米，如图 5 所示。此外，通过实施国家 863 计划课题“天津市滨海新区城市水环境质量改善技术与综合示范工程”，大力开展生态恢复，极大地改善了开发区的水生态环境。

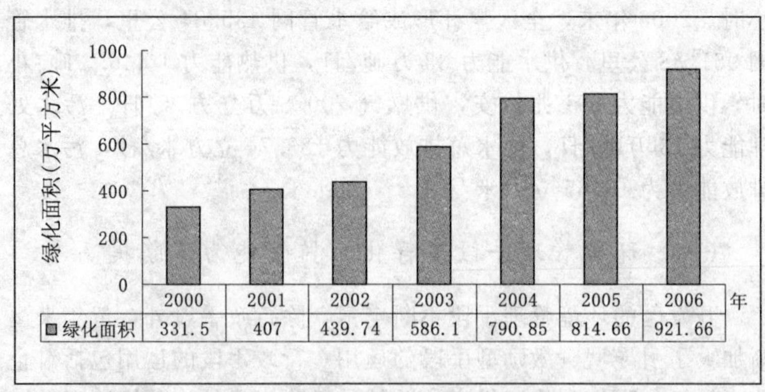

	2000	2001	2002	2003	2004	2005	2006
■绿化面积	331.5	407	439.74	586.1	790.85	814.66	921.66

图 5　天津开发区 2000～2006 年绿化面积变化趋势

资料来源：天津经济技术开发区环境保护局

四、经验与启示

天津开发区通过加强国际合作，引入各种先进的环保理念和管理手段，发展循环经济，改善综合投资环境，促进区域发展，并最终走向以环境保护优化经济增长、以经济增长促进环境保护的道路。天津开发区的环境保护和发展循环经济的实践，是根植于中国国情和国家级高新技术产业园区发展基础上的成功探索，它表明只要充分重视资源节约和环境保护，采取适当的环境保护措施，发展循环经济，就完全可能避免走发达国家“先污染、后治理”的老路，从而实现环境、经济和社会的协调发展。

（一）改善综合投资环境是开发区推动环境保护和发展循环经济的重要动因

开发区历来重视环境保护工作，始终把环境建设放在区域开发建设的重要位置，其重要原因之一就是为了提升区域自身形象，改善综合投资环境，促进招商引资，实现区域的可持续发展。首先，开发区建区的主要目的就是要吸收外资，发展高新技术。而许多大型跨国企业其自身环境保护理念比较先进，对区域综合投资环境包括自然生态环境的要求较高。因此，如果要吸引国际大型企业的投资，开发区就必须积极进行环境保护，改善区域生态环境。其次，开发区原址是一片盐碱荒滩，自身生态环境极度脆弱，如果开发建设不当，极有可能造成毁灭性的后果。可以毫不夸张地说，环境保护是关系到开发区生死存亡的大事。也就是说，自然生态环境在开发区这个特殊的区域中已经成为一种经济发展的制约因素了。因此，开发区很早就意识到不能走“先污染，后治理”的老路，建区之初就注重污染控制和生态建设，在 1999 年创建 ISO14000 国家示范区的时候将“环境保护是天津经济技术开发区改善综合投资环境的永恒主题”作为其环境保护方针之一，在生态工业、循环经济等理念引入后修改为“环境保护是天津经济技术开发区可持续发展的永恒主题”。近年来，开发区在环境保护方面取得的骄人成绩已经为开发区赢得了更多投资和发展机会。

（二）开发区的循环经济事业是一个相互影响、不断深化、滚动发展的过程

首先，开发区为了提升自身整体形象，创造良好的投资环境，积极引入先进的环境管理手段，改善区域的环境质量。通过实施一些国际国内环境合作项目，开发区的环境理念得到了提

升，环境管理手段得到了丰富和完善。同时更多的大型环境合作项目也愿意选择开发区为试点对象，开发区的环境管理水平就得到进一步提升。例如，中国工业园区环境管理项目基于开发区具有区域 ISO14001 环境管理体系及其他优越的基础条件选择开发区为试点对象，而中国工业园区环境管理项目的顺利展开促成了开发区的生态工业园区规划，进而使开发区争取到了中欧环境管理合作计划项目。其次，开发区具备一定的环境保护基础后，国家和天津市政府会给予一定的政策扶持；国家和天津市的支持又促进了开发区环境保护工作的进一步开展。如国家生态工业示范园区的创建，为开发区成为首批国家循环经济试点单位奠定了基础。再次，开发区政府和企业、企业与企业之间也是相互影响的。开发区政府展开的各种宣传和培训，促进了区内企业环境管理水平的提高。区内许多大型跨国企业先进的环境管理理念对开发区政府和其他企业也会产生积极影响。如作为卡伦堡生态工业园核心企业之一的诺维信集团落户开发区后，对园区其他企业起到了示范、带动作用，并且天津市和丹麦卡伦堡市还结成了友好城市。总之，开发区的环境保护和循环经济事业是一个滚动发展、相互影响、不断深化的过程。

（三）加强国际合作是开发区发展循环经济的重要途径

开发区许多先进的环境保护理念和管理手段都是通过国际合作获得的。依托大型国际合作项目提供的专家、技术资源和资金，结合开发区实际，选择适合的环境管理手段进行实践，使开发区的环境保护工作一直走在国内前列，许多环保指标达到了国际先进水平。在中国工业园区环境管理项目中，开发区不但继续推进了 ISO14001 环境管理体系的运行，而且引入了清洁生产的概念，启动了开发区的清洁生产工作，并且明确了建设生态工业园的目标。该项目的实施使开发区逐渐熟悉了清洁生产、生态工业和循环经济等理念，并开始了生态工业园规划和建设。通过举办“中日循环经济与零排放研讨会”，开发区了解了日本在发展循环经济方面的做法和经验。在中欧环境管理合作计划中，开发区将欧盟废物最小化俱乐部、工业固废生态标识等环境管理理念引入开发区，并进行了实践，取得了良好效果。

（四）各种环境管理手段的有机结合和使用促进了开发区循环经济的发展

开发区环境保护取得的成就还得益于综合运用各种环境管理手段，使不同的手段有机结合，相互补充和促进，并切实将这些管理手段得到贯彻和落实。如在引入 ISO14001 环境管理体系时，开发区政府就意识到 ISO14000 系列标准是一种源于内部的主动管理手段，追求自我约束，与城市环境综合定量考核、环境目标责任制等行政手段具有互为补充、互相依托的内在联系，因而在推进 ISO14001 环境管理体系运行的过程中，将城市综合整治定量考核及“创模”工作中的部分指标与每年制定的环境指标及管理方案相结合。在开发区明确发展循环经济、建设生态工业园的目标后，仍然继续推进 ISO14001 环境管理体系、清洁生产等各项工作，并没有因为有了新的环境管理理念或手段，就放弃原有的各种手段，如继续加强对污染源的监督检查，对存在环境违法行为的企业依法实施经济处罚、勒令整改、停产等措施，并依法强制个别企业开展清洁生产审计；在招商引资中，强化资源环境指标的约束作用，杜绝高能耗高污染项目入园等。正是因为开发区在采取新的环境管理手段时，能够有机结合已有的手段和方法，使各项工作继续深化，才使开发区走过的每一步都特别扎实。这也是开发区的循环经济不仅仅停留在表面，比许多地区做得实、做得好的重要原因。

（五）形式多样的宣传活动加强了开发区公众的环境保护意识，营造了全民参与的氛围

注重宣传工作，调动公众参与的积极性是开发区环境保护的又一特色。通过采用报刊、电视、因特网、公益广告、中小学环境教育、环保形势报告、讲座、各种宣传等多种形式对环境保护进行宣传。一方面，充分发挥公共媒体的宣传功能，及时提供各种环境信息，充分调动社区的积极性，引导和倡导建设环境友好型社会；另一方面，针对不同对象，如政府机关、企业高级管理人员、环保经理和负责人，组织签署国际清洁生产宣言，组建废物最小化俱乐部，宣传污染预防、过程管理、效率管理等理念和方法。同时，开发区特别重视绿色学校的建设，把生态教育纳入学生素质教育内容，建成国家级绿色学校 1 所，市级绿色学校 3 所。宣传内容随着开发区环境保护理念的更新而更新，包括环保法律法规、先进的环保技术、ISO140001 环境管理体系、清洁生产、生态工业园、循环经济等内容。开发区的环境宣传形式多样灵活，内容丰富，极大地提高了开发区公众的环境意识，形成了人人关注环保、人人参与环保的良好氛围。

（六）政策引导是开发区发展循环经济的重要保障

通过财政补贴、税收减免、信贷与金融支持、技术共生与交易体系建设、环境产权交易等市场化手段来促进环境保护，是开发区近年来推进环保工作的方向，也是未来的发展趋势之一。例如，开发区设立了“泰达节能降耗、环境保护专项资金”对再生水利用、节能、清洁生产等给予财政补贴。成立天津泰达威立雅水务有限公司，开展污水处理厂的特许经营。积极探索排污权交易模式，促成卡博特化工（天津）有限公司从汉沽区购买二氧化硫排放指标，而汉沽区环保局将所得资金用于区域脱硫减排。委

托美国西图公司和泰达环保公司开展意大利清洁发展机制（CDM）项目的研究，承办泰达国际 CDM 研讨会及国际循环经济论坛，为开发区下一步开展 CDM 项目作准备。这些市场化手段在引导开发区企业进行环境保护方面发挥了重要作用，但许多方式尚处于摸索阶段，需要不断补充和完善。

调 研 报 告 四

我国电力行业发展循环经济情况调研

电力工业是国民经济的基础产业和资源密集型产业，是经济社会发展的重要支撑。随着我国电力工业规模不断扩大，其自身的能源消耗和污染排放问题日益突出，资源限制和环境压力成为制约电力工业发展的关键因素。探索循环经济发展模式，走新型工业化道路是落实节能减排要求，实现电力工业可持续发展的必然选择。为此，自 2006 年至 2007 年，我与同事陆续对山东、河南、天津、黑龙江等省市的相关企业进行了为期长达一年的调查研究。

一、电力行业的基本情况及发展循环经济的必要性

（一）电力行业的基本情况

1. 发展现状

近 20 年来，中国经济保持了持续快速增长，带动了电力工业的快速发展。“十五”期间我国电力工业建设和发展的成绩显著。一是电力装机容量和发电量均居世界第二位，保持了较高的增长速度；二是电网建设得到进一步加强；三是电力的环保取得了显著成绩；四是电力技术装备水平不断迈上新的台阶；五是电

力体制改革取得了阶段性成果。2006 年，全国发电装机容量突破 6 亿千瓦，同期增长 20.3%。全国发电量达 2.83 万亿千瓦时，同比增长 13.5%，输电线损 7.08%，同比下降 12%。全国电力供需基本实现平衡。

2. 存在的问题

随着我国电力工业的快速发展，有关问题也日益突出，主要表现为以下几点：

一是结构不合理，火电发展比重过大。2005 年，火电在中国电源结构中的比重占 71.1%，水电、核电、风电所占比重较小，分别占 23.1%、1.58%、0.16%。这样的结构使得我国过度依赖化石燃料，煤炭消费总量的 50%用于火力发电。

二是电网建设相对滞后，电网和电源建设不匹配。随着中国电源建设和投产速度加快，发电装机每年以超过 6 500 万千瓦的速度递增，电网建设与电源建设不协调、电网建设严重滞后于电源建设的矛盾日趋突出。电网优化配置资源的能力不足，主网架薄弱、抵御事故能力不强，已经成为影响和制约中国电力持续健康协调发展的一个重大问题。

三是能源利用效率低，环境污染严重。目前，我国能耗高、污染重的小火电机组比重偏大，发电企业平均供电煤耗为 366 克/千瓦时，比国际先进水平每千瓦时高 40～50 克，相当于一年多消耗 1.6 亿吨原煤。全国用煤的近 50%用于发电，占一次能源消费的 36%，电力行业排放的二氧化硫占全国排放量的 50%以上，全国由于二氧化硫排放造成的酸雨区面积已占国土面积的 1/3。

（二）电力行业发展循环经济的必要性

1. 发展循环经济已经成为国家战略，成为我国产业政策调整的基本理念

新世纪初，循环经济作为一种新的经济形态，作为可持续发

展战略的最重要组成部分，受到了中央最高领导层和各相关部门负责同志的高度关注。2004 年 11 月，国家发展改革委员会召开了全国循环经济工作会议，开始把发展循环经济作为工作重点并组织实施试点。2005 年 6 月 27 日《国务院关于做好建设节约型社会近期重点工作的通知》和 2005 年 7 月 2 日《国务院关于加快发展循环经济的若干意见》则标志着发展循环经济已经上升到我国国家发展战略层面。2006 年 12 月 21 日，国务院召开发展循环经济电视电话会议，强调发展循环经济是资源节约与环境保护的重要纽带，是落实科学发展观的重大举措。要加快发展循环经济，使资源回收利用、循环使用，把废弃物化害为利、变废为宝，从根本上缓解资源供给的压力，从源头上减少污染物的产生，通过节约降耗和培育循环利用产业提高经济效益，把转变经济增长方式落到实处。目前，《循环经济法》和循环经济评价指标体系都正在制定中，循环经济在我国已进入全面发展阶段。

电力工业是我国当前发展循环经济的重点领域之一。在 2005 年 11 月“全国循环经济工作会议”中，国家发展改革委有关负责同志提及的我国当前发展循环经济的五个主要环节中有 3 个环节（资源消耗环节、废弃物产生环节、废弃物销纳环节）提到了电力工业。根据《国务院关于印发节能减排综合性工作方案的通知》（国发［2007］15 号），电力工业是我国节能减排的重中之重，要加大淘汰电力、钢铁、建材等 8 大行业落后产能的力度；推动燃煤电厂二氧化硫治理；组织编制钢铁、有色、煤炭、电力、化工、建材、制糖等重点行业循环经济推进计划。

2. 落实国家电力工业政策，走新型工业化道路的需要

“十一五”期间我国电力工发展，要以科学发展观和构建和谐社会两大战略思想为指导，基本方针是提高能源效率，保护生态环境，加强电网建设，有序发展水电，优化发展煤电，积极推进核电建设，适度发展天然气发电，鼓励新能源发电，带动装备

工业的技术进步，加强国际合作，深化体制改革。

根据该指导方针，国家正在大力推行上大压小和节能减排工作。《中华人民共和国国家发展和改革委员会公告》（2005年第50号）中明确提出了2010年前第一批火电机组关停计划。《国家发展改革委办公厅关于做好小火电机组关停调查工作的通知》（发改办能源［2006］392号）进一步决定对过去已明确的关停机组进行一次全面核查清理，并详细列出了1999～2010年小火电机组关停清单。“十一五”期间要推进火电机组节能、减排工作，一是加大上大压小的力度，加快关停小火电机组；二是优先安排靠近用电负荷中心的环保项目；三是坑口电站，包括建设褐煤、洗中煤、煤矸石项目，以及港口、路口等运输条件优越的电厂；四是鼓励建设采用高参数、大容量的机组，如60万千瓦及以上的超临界、超超临界机组；五是火电项目要符合国家的环境保护、用水政策及热电联产政策；六是建设有利于电网安全、多方向、分散接入电力系统的项目。以上项目应该在“十一五”期间优先安排和考虑。

3. 节能减排，保护环境，转变传统发展模式的需要

电力工业是能源消耗大户和污染大户，是节能降耗和污染物减排的重点领域。2006年，发电用原煤超过12亿吨，是煤炭消费总量的一半，排放的二氧化硫占全国排放总量的54%。从效率看，我国火电机组的总体能耗明显偏高。2006年，我国火电机组供电标准煤耗为每千瓦时366克，而日本火电机组供电标准煤耗为每千瓦时299克。与日本相比，我国一年多消耗原煤2.2亿吨。如果现有的小机组如果被大机组完全替代，一年可以节约煤炭9 000万吨标准煤，相应地减少二氧化硫排放180万吨，减少二氧化碳排放2.2亿吨。

由此可见，以“高消耗——低效率——高排放”为特征的传统发展模式已不能适应电力工业发展的需要，必须走以有效利用

资源和保护环境为基础的循环经济之路。电力工业节能减排和保护环境任重而道远。

二、四种典型循环经济模式

在国家的大力提倡和有关部门的积极努力下，我国电力工业初步形成了如下 4 种循环经济发展模式。

（一）热电联产模式

热电联产是既产电又产热的先进能源梯级利用形式。与热电分产相比，在降低能源消耗、减少环境污染、节约城市用地等方面，热电联产有很明显的优势。

热电联产在我国已有多年发展历史，截至 2004 年，我国热电联产发电装机总量为 4 813 万千瓦，占火电装机总容量的 14.6%，但仍有 52.7 万台工业锅炉，只供热不发电。这些工业锅炉大多规模小，能耗高，污染严重。尽快改变这种状况是提高我国能源利用效率，节约能源最有效的途径之一。目前，采用新技术高参数设备是热电联产的发展趋势。北京、沈阳、吉林、长春、郑州、秦皇岛和太原等中心城市已有 20 万、30 万大型抽汽冷凝两用机组在运行。在原有热电联产系统基础上增设吸收式制冷装置，在发电和供热的同时还能制冷的热电联产冷多联产是热电联产的发展方向之一。

山东某电厂[1]是一座既为城市居民和工业企业供热，又发电的热电厂。电厂采用 2×300MW 燃煤抽凝式供热机组，年发电量 33 亿千瓦时，供热面积 418 万平方米，为周边纺织、印染、化工等工业企业提供蒸汽约 180 吨/小时。电厂建设前，所在城

[1] 因企业商业保密需要，本分报告中涉及的电力企业具体名称均隐去。

市尚无集中供汽源，供汽只是靠分散的小锅炉，平均热效率仅为55%左右，不仅能耗高而且污染严重，城市居民深受其害。电厂建成后，替代和关停了供热范围内小锅炉近200余台。因电厂排放的SO_2和烟尘量远小于所替代小锅炉的排放量，故电厂建成后整个市区的SO_2和烟尘量分别减少了1 210吨/年和998吨/年，极大地促进了区域环境质量的改善。同时，结合当地旅游业发达的特点，通过在厂区内建设科技馆、加强绿化和加大环境治理力度、结合海岸线开发建立电厂温排水海水浴场等措施，建设旅游式电厂，发展工业旅游；利用电厂温排水建立海水养殖场，促进当地海产养殖业的发展，为渔民增收创收。该电厂以热电联产为核心，结合中水回用、余热利用、资源综合利用等措施，极大地提高了能源利用效率、水循环利用率和灰渣综合利用率，将企业内部循环经济、园区循环经济和城市社会层面循环经济有机结合，减少了区域大气污染物的排放，改善了环境质量，促进了当地经济发展，推动了当地资源节约型、环境友好型社会的建设。

热电联产模式要求所在区域具备集中供热条件，因而适用于严寒、寒冷地区（包括秦岭淮河以北、新疆、青海和西藏）且具备集中供热条件的城市；在夏热冬冷地区（包括长江以南的部分地区）如具备集中供热条件也可适当建设供热机组。现有只供热不发电的工业锅炉，有的可以关停，由新建热电厂统一供热；有的可以改造成为热电厂，这要根据具体情况而定。在实际操作中，热电联产可与其他模式复合运行，像上述山东某电厂就是以热电联产为核心，并结合了煤电建材模式。

（二）电水盐联产模式

电水盐联产模式是指海滨电厂根据自身优势，利用电厂的蒸汽（余热）和循环冷却温排水进行海水淡化，所生产淡水除电厂自用外，还供给园区或城市，海水淡化后的浓海水制盐及生产盐化工产品。这种模式既提高能源利用效率，又降低海水淡化成本，从而节约淡水资源。

天津某电厂在国内首创了电水盐联产模式，打造了“发电——海水淡化——浓海水制盐——化工产品”循环经济产业链，包括发电工程、海水淡化、浓海水制盐、废弃物资源化利用、土地节约整理5个子项目。发电工程总规划建设4×1 000MW燃煤超超临界发电机组，其中一期工程为2×1 000MW。与发电项目一期工程配套建设20万吨/日海水淡化装置，采用目前具有国际先进水平的“效率高、成本低、防腐性能好、适应性强”的低温多效海水淡化技术，利用发电余热进行海水淡化，相对于常规发电机组可提高10%左右的全厂热效率。将海水淡化后的浓缩海水引入天津汉沽盐场，可以大大提高制盐效率。可新增盐产量45万吨/年，新增溴素4 400吨/年，同时可节约整理出22.5平方千米原盐场用地。将制盐剩下的苦卤水排入电厂附近的某盐化工企业，生产溴素、氯化钾、氯化镁、硫酸镁等市场紧缺的化工产品，可年产氯化钾4 700吨，副产47 500吨氯化镁和8 500吨硫酸镁。至此，海水被“吃干榨净”，得到最大化利用。利用发电环节产生的粉煤灰、硫石膏等废弃物，结合天津化工厂产生的已积攒45年的电石废渣，生产建材产品，可年产建材砖2.3亿块、石膏板10万吨。该电厂首创的电、水、盐联产模式解决了海水淡化的成本制约瓶颈，同时充分利用了电厂余热。为天津市和环渤海经济区的发展提供电力、淡水、盐化工产品和土地资源支持，对整合区域资源、优化经济发展布局以及促进环渤海经济区发展起到积极的作用。项目符合循环经济的“3R原则”及“高效率、低消耗、低污染的”要求，其电水盐联产模式对推动循环经济的全面发展具有重要的示范意义和推广价值。

电水盐联产模式适用于海滨电厂，并且要求周边具有盐场，这样既能解决海水淡化后的浓海水的出路问题，也可从浓海水制盐中获取可观的经济效益。如果能采取其他方式处理浓海水，而又不需要盐场的话，电水盐联产模式将具有更大地推广价值。

（三）煤电建材联产模式

煤电建材模式是指煤炭开采、发电和建材生产综合开发的模式。在大型煤炭矿区建设坑口电厂，煤炭开采产生的煤矸石或发电工程产生的灰渣用于生产新型建材产品，发电工程直接为煤炭开采和建材生产供电。这种模式有利于提高能源运输和转换的效率，节能和节约土地，减少废弃物排放，促进环境保护。

目前，许多大型企业纷纷携手资源省份，共建战略联盟，探索煤电一体化运作模式，综合开发利用煤炭及与煤共伴生资源，实现煤炭和电力上下游产业联营和集聚。不少已投产的电厂积极建设新型建材生产线，生产水泥、加气砌块、粉煤灰免蒸砖等建材产品。一些电厂在规划中即引入了煤——电——建材循环经济模式，追求建设的高起点、高标准，这无疑为我国电力工业的转变传统发展模式，实现可持续发展带来了希望。

河南某电厂扩建工程，规划采用煤——电——建材、煤——化——建材循环经济模式，充分利用当地的自然条件、产业基础和电厂一期工程的基础设施，以城市污水处理厂的中水为水源，集煤炭开采、发电、煤化工、建材、污水处理等一体化循环运行。煤炭开采子项目收购整合当地 6 个煤矿，对煤炭进行分级利用，动力煤发电，粉煤用于煤化工，煤矸石通过循环流化床机组为其他子项目供热和供电。小煤矿的收购、整合，有利于提高其管理水平和技术升级，促进煤矿安全生产；煤炭分级利用提高了资源的利用效率，使得不同品质的煤炭资源“物尽其用”。发电工程在原有一期 2×300MW 国产燃煤机组的基础上扩建 2×

1 000MW 超超临界高效燃煤机组，煤耗低、能源利用效率高，生产过程清洁。电厂属于典型的坑口电厂，有利于节约能源和运输费用。煤矸石综合利用和煤化工子项目利用煤炭分选后的粉煤制二甲醚，并利用煤矸石建循环流化床供热机组为化工厂供电和蒸汽。总规划 2×40 万吨/年，一期建设 40 万吨二甲醚，二期再上一套相同规模生产线，并延伸生产适合市场需求的化工产品。循环流化床供热机组以煤矸石为燃料，以热定电，建设规模为 2×25MW 背压机组作为煤化工项目的热电车间。灰渣综合利用子项目利用发电工程和煤化工产生的粉煤灰提取微珠，生产高附加值的硅铝合金；提取微珠后剩余的残灰和发电工程、煤化工产生的废渣用于生产水泥、加气混凝土砌块和免烧粉煤灰砖等建筑材料。项目建成后，将年产煤炭 500 万吨，年发电量 100 亿千瓦时，年产硅铝合金 12 万吨，年产 300 万吨水泥、夹气混凝土砌块和免烧粉煤灰砖等建筑材料。同时，利用城市污水处理厂的中水为水源，并在电厂内部建设污水处理厂处理电厂自身污水，在各子项目之间循环利用，最大限度地利用水资源。该项目以煤——电——建材、煤——化——建材循环经济模式为核心，拉长了产业链。城市中水和煤矸石及灰渣的综合利用支持了环境治理事业，实现了煤炭利用由数量型向质量效益型和由生产销售初级产品向综合开发利用的两个转变。提升了煤炭产品的附加值，充分利用了煤炭资源，最大化地发挥了煤炭资源的价值。

煤电建材模式适用于煤炭基地附近建设的坑口电厂，最好所在区域建材市场较为发达。与传统的小建材相比，要求采用灰渣或煤矸石为原料，不使用粘土；采用先进的生产工艺，资源利用率高，生产过程无二次污染，生产的产品节能环保。

（四）煤电化一体化模式

煤电化一体化模式是指煤炭开采、发电和煤化工一体化运行的模式，煤炭开采为发电工程和煤化工提供原煤，发电工程直接为煤化工供电供汽，极大地提高热效率和资源利用效率。该模式与煤电建材模式有相同之处，均是煤电一体化。不同的是，煤电化一体化模式加大了对煤炭资源的深加工，延伸产业链条，生产甲醇、烯烃等化工产品；同时，发电和煤化工紧密联系。在实际运作中，煤电化一体化模式可能包含煤电建材模式，但煤电建材模式却不一定涉及煤化工领域。

黑龙江某电厂规划以煤炭生产为依托，用低质褐煤发电和生产化工产品，将煤矿疏干水处理后用作发电和煤化工用水，采煤、发电及煤化工所产生的灰渣等废弃物用来生产建材和进行矿区生态修复。电厂及化工项目在输出产品的同时，又相互提供所需资源（电能、热能、循环水），并为其下游产品提供原料，实现能源和资源利用效率最大化。具体方案为：根据煤层特点和煤质特点，全部采用露天开采的生产方式；针对所在矿区褐煤发热量低、不适合作为能源产品外运的特点，建设坑口电厂；利用煤矿开采项目的褐煤资源、电厂的电能和蒸汽建设煤化工项目；对疏干水进行处理，全部回用于发电工程和煤化工项目；发电工程和煤化工项目产生的灰渣，首先用于生产水泥和地砖，不能利用的部分与煤矿开采的剥离物混拌后回填矿坑，并进行复田治理，种植植被，改良复垦土地，改善生态环境。该电厂及配套项目实现煤炭利用由生产销售初级产品向综合开发利用的转变，提升煤炭产品的附加值，最大化的发挥煤炭资源的价值。整个循环经济项目使经济增长模式由粗放型经济向集约型经济转化，将循环经济和环境管理有机地结合在一起，达到了“多赢”的效果。该模式与上述煤电建材模式中的河南某电厂均涉及煤炭开采、发电工程、煤化工、建材等子项目，最大的不同在于该电厂的发电子项目为煤化工子项目直接供汽，真正实现了煤电化一体化。而上述河南某电厂的模式，侧重于煤电一体化和对粉煤灰的综合利用，因而是以煤电建材模式为主。

煤电化一体化模式适用于大型煤炭基地，煤炭开采、发电和煤化工联合开发的区域；由于煤化工是高耗水的行业，实行“以水定产”，因此该模式要求所在地区具备丰富的水资源，并尽可能对疏干水、污水进行综合利用。

三、存在的主要问题

电力企业在探索循环经济之路的过程中，结合各自特点，初步形成了上述四种模式，取得了一些成绩，但还存在不少问题。

首先，对循环经济的认识不到位。一是将循环经济等同于环境保护，认为只要进行污水处理或烟气脱硫后达标排放就是发展循环经济。二是将循环经济等同于资源综合利用，认为发展循环经济就是对灰渣进行综合利用。三是将采用落后技术、能耗高、污染重的低水平的循环利用当作是循环经济。如小建材厂，其利用灰渣生产建材的过程本身就产生严重的二次污染。四是认为循环经济就是延长产业链，甚至认为产业链条越长越好。

其次，存在“循环”而不“经济”的问题。一些电力企业意识到发展循环经济的重要性，积极进行循环经济实践。但由于认识不到位，又为了要符合国家有关政策，因此就盲目地延长产业链，为“循环”而“循环”，不考虑其经济性。这样的循环经济注定没有生命力，终将被淘汰，造成资源和资金的极大浪费。

再次，相关激励政策不配套。循环经济项目大多投入多、周期长，需要给予一定的资金支持和财税政策优惠。目前，部分地方政府已设立专项基金，出台了一些优惠措施，但还远远不能满足循环经济快速发展的形势。如余热、余压、煤层气以及煤矸石、煤泥、垃圾等低热值燃料发电的并网问题、收购价格问题等。

最后，提高资源利用率和综合利用资源存在技术瓶颈。发展循环经济需要相应的技术支撑，而目前这方面的技术相当欠缺，相关信息共享平台尚未建立，给企业节能、节材和资源综合利用等造成困难，挫伤了企业发展循环经济的积极性。以粉煤灰综合利用为例，目前主要是用于生产建材。实际上粉煤灰的用途非常广泛，可以提取微珠，回收硅铝合金等金属；还可以用于制作环保材料，处理含油、含铬、造纸等难降解废水等。但是多数企业无从获取相关信息。

四、政策建议

电力工业发展循环经济还处于起步阶段，几种模式初步形成，尚未成熟，还需要国家及相关部门给予支持，为其扫除体制机制障碍，促进电力工业的可持续发展。

第一，加强宣传，组织电力企业循环经济培训班。鉴于当前电力企业对发展循环经济还存在诸多认识上的误区，有必要加强循环经济理念的宣传，定期组织电力企业循环经济培训班。培训内容至少应包括：循环经济的基本内涵、循环经济与环境保护的关系、循环经济与资源综合利用的关系、我国循环经济综合政策、我国电力工业循环经济政策、我国循环经济的组织管理体制6方面的内容。

第二，总结经验，积极推广电力工业发展循环经济的典型模式。总结电力企业发展循环经济的主要做法和经验，在电力行业积极推广典型模式，发挥其辐射带动作用，尽快转变电力工业高消耗、高排放、高污染、低效率的传统增长模式。

第三，尽快完善和落实促进电力工业发展循环经济的激励性政策。设立循环经济专项基金，鼓励和帮助电力企业投入循环经济技术研究，支持电力工业典型循环经济项目的建设。对发展循环经济的电力企业给予一定的财税优惠，支持企业发展循环经济。同时，理顺阻碍电力工业循环经济发展的体制机制问题，为循环经济发展铺平道路。如在项目核准、投资等方面优先考虑循环经济项目，解决资源综合利用电厂的并网和收购价格问题，坚决取缔实心粘土砖生产企业，为利用电厂粉煤灰生产新型建材的企业创造良好的市场环境等。

第四，严格执行电力工业“上大压小”、节能减排、环境保护方面的约束性政策。“上大压小”、节能减排，是当前电力工业的重要任务，而目前由于各种利益原因，“上大压小”存在极大困难，为此必须严格执法管理，确保节能减排目标的实现。针对电厂环保设备运行率低的问题，应加强对火电厂脱硫设施的监督管理，加大处罚力度。

第五，加强绿色技术的研发和建立信息共享平台。努力突破制约循环经济发展的技术瓶颈，加强对节能技术、资源综合利用技术、清洁生产技术等绿色技术的研发；建立电力工业绿色技术信息系统，及时向企业发布有关信息；积极培育绿色技术市场。

第六，制定与循环经济指标相对应的干部考核制度。当前国家发展改革委与国家统计局共同制定的《循环经济指标体系》初稿已完成，应尽快完善，在此基础上建立与循环经济指标相对应的干部考核制度，使各级领导认识到发展循环经济的重要性和迫切性。各大电力集团也应根据各自特点，制定相应的考核指标，把发展循环经济纳入对各厂长、经理的经营管理目标考核，提高他们在这方面工作的积极性。

参考文献

1 单胜道，何尧军，吴思．循环经济实施主体与保障体系［M］．北京：研究出版社，2007

2 冯之浚．循环经济与公众参与——中国循环经济高端论坛(2006)［M］．北京：人民出版社，2007

3 国家发展和改革委员会宏观经济研究院我国循环经济发展战略研究课题组．我国循环经济发展战略研究报告［M］．北京：高等教育出版社，2005

4 解振华．循环经济知识读本［M］．北京：中国环境科学出版社，2005

5 孙佑海，张蕾，等．中国循环经济法论［M］．北京：科学出版社，2008

6 周宏春．刘燕华，等．循环经济学［M］．北京：中国发展出版社，2005

7 朱有志．节约型社会研究［M］．长沙：湖南人民出版社，2007

8 诸大建．中国可持续发展总纲第20卷——中国循环经济与可持续发展［M］．北京：科学出版社，2007

9 戴彦德，周伏秋，朱跃中，等．实现单位GDP能耗降低20%目标的途径和措施研究［R］．北京：国家发展改革委宏观经济研究院，2007

10 国家环保总局环境专题组．山西煤炭工业可持续发展环境

对策报告［R］. 北京：国家环境保护总局环境规划院，2005

11 刘福垣，周海春，陈伟，等. 武汉市资源节约型、环境友好型社会建设综合配套改革总体方案研究［R］. 北京：国家发展改革委宏观经济研究院，2008

12 世界银行促进中国循环经济发展的政策研究项目组：促进中国循环经济发展的政策研究［R］. 北京：国家环境保护总局环境与经济政策研究中心，2007

13 世界银行——全国人大环资委循环经济立法研究项目组：循环经济立法研究最终报告（讨论稿）［R］. 北京：清华大学，2007

14 陈滢. 循环经济政策法规体系研究［D］. 杭州：浙江工业大学，2007

15 康运河. 我国发展循环经济的财税政策研究［D］. 西安：西北大学，2008

16 李勇. 矿产资源开发生态补偿收费政策研究［D］. 北京：中国环境科学研究院，2006：43－60

17 刘洪源. 环境与资源保护法学［D］. 北京：中国政法大学，2006：33－38

18 乔巧. 促进循环经济发展的价格机制研究［D］. 成都：四川大学，2007：44－65

19 吴强. 矿产资源开发环境代价及实证研究［D］. 北京：中国地质大学（北京），2008：77－96

20 赵雪莲. 可持续发展宏观经济调控政策体系比较研究——发达国家可持续发展宏观经济调控政策借鉴［D］. 乌鲁木齐：新疆大学，2006

21 王昕杰. 构建节能减排的市场机制与环境经济政策体系的构想［A］. 中国环境科学学会. 中国环境科学学会学术年会优秀论文集（2008）（上卷）［C］. 北京：中国环境科学

出版社，2008

22 安福仁，周生军．促进经济循环发展的税收效应与对策选择［J］．财政问题研究，2006（8）

23 毕井泉．坚定不移地推进资源性产品价格改革［J］．价格理论与实践，2006（8）

24 仓萍萍，杨德利．环境成本核算研究综述［J］．财会通讯，2008（6）

25 陈亮．环境成本计量方法综述［J］．财会通讯，2009（6）

26 陈伟民．利用价格杠杆促进循环经济发展［J］．中国物价，2005（11）

27 程琳琳，李丽英．矿区土地复垦保证金征收标准的经济学分析［J］．煤炭经济研究，2009（7）

28 程瑜．促进循环经济发展的财政政策研究［J］．中国人口·资源与环境，2006（6）

29 戴冠来．资源节约型社会与资源价格［J］．中国物价，2006（8）

30 党晋华，贾彩霞．山西省煤炭开采环境损失的经济核算［J］．环境科学研究，2007，20（4）

31 冯慧娟，张继承，鲁明中．废旧物资回收市场组织运作现状分析［J］．再生资源研究，2006（6）

32 郭曦．刍议循环经济与产业政策［J］．经济观察，2007（1）

33 国家发展改革委价格司．资源性产品价格改革的基本思路［J］．中国经贸导刊，2006（3）

34 国务院发展研究中心“中国循环经济的理论与实践研究”课题组．我国发展循环经济的现状及其评价［J］．经济研究参考，2006（46）

35 胡明晖．论推进循环经济的公共政策体系［J］．忻州师范

学院学报，2008（4）
36 黄益寿．环境成本确认与计量探讨［J］．财会通讯，2008（10）
37 金良．资源环境价值评估的必要性及思路［J］．时代经贸，2008，6（10）
38 劳承玉．构建循环经济的财政金融政策体系［J］．西南金融，2006（9）
39 李磊，杨金田．我国能源发展环境成本内部化经济政策分析［J］，环境与可持续发展，2008（2）
40 李亮．国外运用财政政策发展循环经济［J］．粤港奥市场与价格，2006（1）
41 李振京．我国循环经济的发展现状与战略选择［J］．环境经济，2006（4）
42 梁红．循环经济模式下的资源定价问题探讨［J］．中国物价，2006（12）
43 梁燕君．财税政策：如何有效促进循环经济的发展［J］．市场周刊（理论研究），2007（8）
44 廖明岚．论我国循环经济政策的实现机制［J］．企业经济，2008（5）
45 林积泉，王伯铎，等．环境成本核算研究综述［J］．工业安全与环保，2006，32（5）
46 刘慧娟．企业环境成本理论研究综述［J］．管理观察，2008（6）
47 刘静暖，王文法．完善政策体系促进循环经济发展［J］．河北大学学报（哲学社会科学版），2007（2）
48 刘满平，朱霖．资源价格市场化改革需注意的几个问题［J］．宏观经济管理，2006（4）
49 刘润芳．发展循环经济政策体系构建［J］．商场现代化，

2007（11）（下旬刊）
50 刘志红．我国发展循环经济的制度供给与政策取向［J］．新疆财经，2007（2）
51 骆祖春．促进循环经济发展的税收制度构建［J］．税务研究，2005（9）
52 马凯．发展循环经济政策措施［J］．中国科技投资，2007（8）
53 潘铁山．江苏省循环经济政策体系建设的研究［J］．污染防治技术，2007（8）
54 潘秀丽，马剑锋．促进循环经济发展的财政政策研究［J］．山西财税，2006（1）
55 濮津．煤炭环境成本构成与变化规律分析［J］．煤炭学报，2004，29（1）
56 曲顺兰，路春城．循环经济与税收［J］．税务研究，2005（9）
57 任万华．加快环境经济政策体系建设［J］．中国高新技术企业，2008（12）
58 任勇，李华友，周国梅，等．我国发展循环经济的政策与法律体系探讨［J］．中国人口资源与环境，2005（5）
59 任卓隽，伍伟等．矿产资源开发中的生态环境问题及其保护［J］．矿业工程，2009，7（4）
60 沈传河，王键．促进循环经济发展的动力在于体制机制创新［J］．浙江统计，2005（10）
61 沈素素．湖南发展循环经济的财政对策［J］．湖南商学院学报，2006（5）
62 苏建设，顾威．我国发展循环经济的制度创新策略［J］．特区经济，2006（11）
63 王菲菲．浅议发展循环经济的政策构建［J］．经济与社会

发展，2007（11）

64 王桂勋，王艳，葛虎．山东省2000～2005年环境成本核算［J］．中国环境管理干部学院学报，2008，18（2）

65 王金南，蒋洪强，葛察忠．积极探索新时期环境经济政策体系［J］．环境经济，2008（1）

66 王利华．矿山企业的环境成本现状及存在的问题研究［J］．新西部，2009（18）

67 王文革．循环经济激励制度存在的问题与对策［J］．环境科学与技术，2006（12）

68 王玉庆．建立反映环境成本和可持续发展的资源价格体系［J］．环境保护，2005（11）

69 吴大华．中国循环经济的政府引导及激励政策［J］．管理现代化，2007（4）

70 徐济东，叶春明，马惠民．上海发展循环经济的价格对策［J］．上海企业，2006（6）

71 徐济东，叶春明．上海建设资源节约型城市的价格对策研究［J］．经济体制改革，2006（4）

72 杨志云．浅谈矿产资源开发中的环境问题［J］．科技资讯，2009（2）

73 张帆．论我国循环经济政策体系的构建［J］．集团经济研究，2007（6）（上旬刊）

74 张民，董坤景．浅析企业环境成本核算与控制．商场现代化［J］．2008（8）（下旬刊）

75 张茹．我国循环经济发展中的政府行为研究［J］．时代经贸，2007（2）

76 赵永明．废旧物资回收企业税收征管政策探讨［J］．中国资源综合利用，2007（4）

77 赵云旗．对财政支持循环经济发展途径的思考［J］．科学

决策，2005（11）
78　周宝湘．陕西发展循环经济的财政政策研究［J］．商场现代化，2006（9）（下月刊）
79　周生军．运用税收政策促进循环经济发展［J］．税务研究，2006（10）
80　朱海伦．循环经济导向的废旧物资回收体系创新［J］．再生资源研究，2006（12）
81　程琳琳，胡振琪．我国矿区土地复垦保证金制度浅析［J］．中国矿业，2008，17（9）
82　贾立海．水土保持费的征收原则、补偿范围及追缴时限［J］．中国水土保持，1997（12）
83　王金南．建立环境经济政策体系推动又好又快发展（上）［N］．中国环境报，2008－01－14
84　王金南．建立环境经济政策体系推动又好又快发展（下）［N］．中国环境报，2008－01－15
85　杨涛．全面创新循环经济的金融支持体系［N/OL］．中国经济时报，2006－10－13.［2006－10－13］．http：//theory. people. com. cn/GB/49154/49155/4914800. html
86　罗用频．关于理顺我省资源性产品价格问题研究［EB/OL］. http：//www. gzdrc. gov. cn/content. php？IndexID＝203，2008－04－17
87　周宏春．中国循环经济的发展现状与政策建议［EB/OL］. http：//www. china. com. cn/chinese/zhuanti/jieyue/895186. htm，2005－06－21

附件 1

中华人民共和国循环经济促进法

（2008 年 8 月 29 日第十一届全国人民代表大会常务委员会第四次会议通过）

目　录

第一章　总　则

第一条 为了促进循环经济发展，提高资源利用效率，保护和改善环境，实现可持续发展，制定本法。

第二条 本法所称循环经济，是指在生产、流通和消费等过程中进行的减量化、再利用、资源化活动的总称。

本法所称减量化，是指在生产、流通和消费等过程中减少资源消耗和废物产生。

本法所称再利用，是指将废物直接作为产品或者经修复、翻新、再制造后继续作为产品使用，或者将废物的全部或者部分作为其他产品的部件予以使用。

本法所称资源化，是指将废物直接作为原料进行利用或者对废物进行再生利用。

第三条 发展循环经济是国家经济社会发展的一项重大战略，应当遵循统筹规划、合理布局，因地制宜、注重实效，政府推动、市场引导，企业实施、公众参与的方针。

第四条 发展循环经济应当在技术可行、经济合理和有利于节约资源、保护环境的前提下，按照减量化优先的原则实施。

在废物再利用和资源化过程中，应当保障生产安全，保证产品质量符合国家规定的标准，并防止产生再次污染。

第五条 国务院循环经济发展综合管理部门负责组织协调、监督管理全国循环经济发展工作；国务院环境保护等有关主管部门按照各自的职责负责有关循环经济的监督管理工作。

县级以上地方人民政府循环经济发展综合管理部门负责组织协调、监督管理本行政区域的循环经济发展工作；县级以上地方人民政府环境保护等有关主管部门按照各自的职责负责有关循环经济的监督管理工作。

第六条 国家制定产业政策，应当符合发展循环经济的要求。

县级以上人民政府编制国民经济和社会发展规划及年度计划，县级以上人民政府有关部门编制环境保护、科学技术等规划，应当包括发展循环经济的内容。

第七条 国家鼓励和支持开展循环经济科学技术的研究、开发和推广，鼓励开展循环经济宣传、教育、科学知识普及和国际合作。

第八条 县级以上人民政府应当建立发展循环经济的目标责

任制，采取规划、财政、投资、政府采购等措施，促进循环经济发展。

第九条　企业事业单位应当建立健全管理制度，采取措施，降低资源消耗，减少废物的产生量和排放量，提高废物的再利用和资源化水平。

第十条　公民应当增强节约资源和保护环境意识，合理消费，节约资源。

国家鼓励和引导公民使用节能、节水、节材和有利于保护环境的产品及再生产品，减少废物的产生量和排放量。

公民有权举报浪费资源、破坏环境的行为，有权了解政府发展循环经济的信息并提出意见和建议。

第十一条　国家鼓励和支持行业协会在循环经济发展中发挥技术指导和服务作用。县级以上人民政府可以委托有条件的行业协会等社会组织开展促进循环经济发展的公共服务。

国家鼓励和支持中介机构、学会和其他社会组织开展循环经济宣传、技术推广和咨询服务，促进循环经济发展。

第二章　基本管理制度

第十二条　国务院循环经济发展综合管理部门会同国务院环境保护等有关主管部门编制全国循环经济发展规划，报国务院批准后公布施行。设区的市级以上地方人民政府循环经济发展综合管理部门会同本级人民政府环境保护等有关主管部门编制本行政区域循环经济发展规划，报本级人民政府批准后公布施行。

循环经济发展规划应当包括规划目标、适用范围、主要内容、重点任务和保障措施等，并规定资源产出率、废物再利用和资源化率等指标。

第十三条　县级以上地方人民政府应当依据上级人民政府下达的本行政区域主要污染物排放、建设用地和用水总量控制指标，规划和调整本行政区域的产业结构，促进循环经济发展。

新建、改建、扩建建设项目，必须符合本行政区域主要污染物排放、建设用地和用水总量控制指标的要求。

第十四条 国务院循环经济发展综合管理部门会同国务院统计、环境保护等有关主管部门建立和完善循环经济评价指标体系。

上级人民政府根据前款规定的循环经济主要评价指标，对下级人民政府发展循环经济的状况定期进行考核，并将主要评价指标完成情况作为对地方人民政府及其负责人考核评价的内容。

第十五条 生产列入强制回收名录的产品或者包装物的企业，必须对废弃的产品或者包装物负责回收；对其中可以利用的，由各该生产企业负责利用；对因不具备技术经济条件而不适合利用的，由各该生产企业负责无害化处置。

对前款规定的废弃产品或者包装物，生产者委托销售者或者其他组织进行回收的，或者委托废物利用或者处置企业进行利用或者处置的，受托方应当依照有关法律、行政法规的规定和合同的约定负责回收或者利用、处置。

对列入强制回收名录的产品和包装物，消费者应当将废弃的产品或者包装物交给生产者或者其委托回收的销售者或者其他组织。

强制回收的产品和包装物的名录及管理办法，由国务院循环经济发展综合管理部门规定。

第十六条 国家对钢铁、有色金属、煤炭、电力、石油加工、化工、建材、建筑、造纸、印染等行业年综合能源消费量、用水量超过国家规定总量的重点企业，实行能耗、水耗的重点监督管理制度。

重点能源消费单位的节能监督管理，依照《中华人民共和国节约能源法》的规定执行。

重点用水单位的监督管理办法，由国务院循环经济发展综合管理部门会同国务院有关部门规定。

第十七条　国家建立健全循环经济统计制度，加强资源消耗、综合利用和废物产生的统计管理，并将主要统计指标定期向社会公布。

国务院标准化主管部门会同国务院循环经济发展综合管理和环境保护等有关主管部门建立健全循环经济标准体系，制定和完善节能、节水、节材和废物再利用、资源化等标准。

国家建立健全能源效率标识等产品资源消耗标识制度。

第三章　减量化

第十八条　国务院循环经济发展综合管理部门会同国务院环境保护等有关主管部门，定期发布鼓励、限制和淘汰的技术、工艺、设备、材料和产品名录。

禁止生产、进口、销售列入淘汰名录的设备、材料和产品，禁止使用列入淘汰名录的技术、工艺、设备和材料。

第十九条　从事工艺、设备、产品及包装物设计，应当按照减少资源消耗和废物产生的要求，优先选择采用易回收、易拆解、易降解、无毒无害或者低毒低害的材料和设计方案，并应当符合有关国家标准的强制性要求。

对在拆解和处置过程中可能造成环境污染的电器电子等产品，不得设计使用国家禁止使用的有毒有害物质。禁止在电器电子等产品中使用的有毒有害物质名录，由国务院循环经济发展综合管理部门会同国务院环境保护等有关主管部门制定。

设计产品包装物应当执行产品包装标准，防止过度包装造成资源浪费和环境污染。

第二十条　工业企业应当采用先进或者适用的节水技术、工艺和设备，制订并实施节水计划，加强节水管理，对生产用水进行全过程控制。

工业企业应当加强用水计量管理，配备和使用合格的用水计量器具，建立水耗统计和用水状况分析制度。

新建、改建、扩建建设项目，应当配套建设节水设施。节水设施应当与主体工程同时设计、同时施工、同时投产使用。

国家鼓励和支持沿海地区进行海水淡化和海水直接利用，节约淡水资源。

第二十一条 国家鼓励和支持企业使用高效节油产品。

电力、石油加工、化工、钢铁、有色金属和建材等企业，必须在国家规定的范围和期限内，以洁净煤、石油焦、天然气等清洁能源替代燃料油，停止使用不符合国家规定的燃油发电机组和燃油锅炉。

内燃机和机动车制造企业应当按照国家规定的内燃机和机动车燃油经济性标准，采用节油技术，减少石油产品消耗量。

第二十二条 开采矿产资源，应当统筹规划，制定合理的开发利用方案，采用合理的开采顺序、方法和选矿工艺。采矿许可证颁发机关应当对申请人提交的开发利用方案中的开采回采率、采矿贫化率、选矿回收率、矿山水循环利用率和土地复垦率等指标依法进行审查；审查不合格的，不予颁发采矿许可证。采矿许可证颁发机关应当依法加强对开采矿产资源的监督管理。

矿山企业在开采主要矿种的同时，应当对具有工业价值的共生和伴生矿实行综合开采、合理利用；对必须同时采出而暂时不能利用的矿产以及含有有用组分的尾矿，应当采取保护措施，防止资源损失和生态破坏。

第二十三条 建筑设计、建设、施工等单位应当按照国家有关规定和标准，对其设计、建设、施工的建筑物及构筑物采用节能、节水、节地、节材的技术工艺和小型、轻型、再生产品。有条件的地区，应当充分利用太阳能、地热能、风能等可再生能源。

国家鼓励利用无毒无害的固体废物生产建筑材料，鼓励使用散装水泥，推广使用预拌混凝土和预拌砂浆。

禁止损毁耕地烧砖。在国务院或者省、自治区、直辖市人民政府规定的期限和区域内，禁止生产、销售和使用粘土砖。

第二十四条　县级以上人民政府及其农业等主管部门应当推进土地集约利用，鼓励和支持农业生产者采用节水、节肥、节药的先进种植、养殖和灌溉技术，推动农业机械节能，优先发展生态农业。

在缺水地区，应当调整种植结构，优先发展节水型农业，推进雨水集蓄利用，建设和管护节水灌溉设施，提高用水效率，减少水的蒸发和漏失。

第二十五条　国家机关及使用财政性资金的其他组织应当厉行节约、杜绝浪费，带头使用节能、节水、节地、节材和有利于保护环境的产品、设备和设施，节约使用办公用品。国务院和县级以上地方人民政府管理机关事务工作的机构会同本级人民政府有关部门制定本级国家机关等机构的用能、用水定额指标，财政部门根据该定额指标制定支出标准。

城市人民政府和建筑物的所有者或者使用者，应当采取措施，加强建筑物维护管理，延长建筑物使用寿命。对符合城市规划和工程建设标准，在合理使用寿命内的建筑物，除为了公共利益的需要外，城市人民政府不得决定拆除。

第二十六条　餐饮、娱乐、宾馆等服务性企业，应当采用节能、节水、节材和有利于保护环境的产品，减少使用或者不使用浪费资源、污染环境的产品。

本法施行后新建的餐饮、娱乐、宾馆等服务性企业，应当采用节能、节水、节材和有利于保护环境的技术、设备和设施。

第二十七条　国家鼓励和支持使用再生水。在有条件使用再生水的地区，限制或者禁止将自来水作为城市道路清扫、城市绿化和景观用水使用。

第二十八条 国家在保障产品安全和卫生的前提下，限制一次性消费品的生产和销售。具体名录由国务院循环经济发展综合管理部门会同国务院财政、环境保护等有关主管部门制定。

对列入前款规定名录中的一次性消费品的生产和销售，由国务院财政、税务和对外贸易等主管部门制定限制性的税收和出口等措施。

第四章 再利用和资源化

第二十九条 县级以上人民政府应当统筹规划区域经济布局，合理调整产业结构，促进企业在资源综合利用等领域进行合作，实现资源的高效利用和循环使用。

各类产业园区应当组织区内企业进行资源综合利用，促进循环经济发展。

国家鼓励各类产业园区的企业进行废物交换利用、能量梯级利用、土地集约利用、水的分类利用和循环使用，共同使用基础设施和其他有关设施。

新建和改造各类产业园区应当依法进行环境影响评价，并采取生态保护和污染控制措施，确保本区域的环境质量达到规定的标准。

第三十条 企业应当按照国家规定，对生产过程中产生的粉煤灰、煤矸石、尾矿、废石、废料、废气等工业废物进行综合利用。

第三十一条 企业应当发展串联用水系统和循环用水系统，提高水的重复利用率。

企业应当采用先进技术、工艺和设备，对生产过程中产生的废水进行再生利用。

第三十二条　企业应当采用先进或者适用的回收技术、工艺和设备，对生产过程中产生的余热、余压等进行综合利用。

建设利用余热、余压、煤层气以及煤矸石、煤泥、垃圾等低热值燃料的并网发电项目，应当依照法律和国务院的规定取得行政许可或者报送备案。电网企业应当按照国家规定，与综合利用资源发电的企业签订并网协议，提供上网服务，并全额收购并网发电项目的上网电量。

第三十三条　建设单位应当对工程施工中产生的建筑废物进行综合利用；不具备综合利用条件的，应当委托具备条件的生产经营者进行综合利用或者无害化处置。

第三十四条　国家鼓励和支持农业生产者和相关企业采用先进或者适用技术，对农作物秸秆、畜禽粪便、农产品加工业副产品、废农用薄膜等进行综合利用，开发利用沼气等生物质能源。

第三十五条　县级以上人民政府及其林业主管部门应当积极发展生态林业，鼓励和支持林业生产者和相关企业采用木材节约和代用技术，开展林业废弃物和次小薪材、沙生灌木等综合利用，提高木材综合利用率。

第三十六条　国家支持生产经营者建立产业废物交换信息系统，促进企业交流产业废物信息。

企业对生产过程中产生的废物不具备综合利用条件的，应当提供给具备条件的生产经营者进行综合利用。

第三十七条　国家鼓励和推进废物回收体系建设。

地方人民政府应当按照城乡规划，合理布局废物回收网点和交易市场，支持废物回收企业和其他组织开展废物的收集、储存、运输及信息交流。

废物回收交易市场应当符合国家环境保护、安全和消防等规定。

第三十八条　对废电器电子产品、报废机动车船、废轮胎、废铅酸电池等特定产品进行拆解或者再利用，应当符合有关法律、行政法规的规定。

第三十九条 回收的电器电子产品，经过修复后销售的，必须符合再利用产品标准，并在显著位置标识为再利用产品。

回收的电器电子产品，需要拆解和再生利用的，应当交售给具备条件的拆解企业。

第四十条 国家支持企业开展机动车零部件、工程机械、机床等产品的再制造和轮胎翻新。

销售的再制造产品和翻新产品的质量必须符合国家规定的标准，并在显著位置标识为再制造产品或者翻新产品。

第四十一条 县级以上人民政府应当统筹规划建设城乡生活垃圾分类收集和资源化利用设施，建立和完善分类收集和资源化利用体系，提高生活垃圾资源化率。

县级以上人民政府应当支持企业建设污泥资源化利用和处置设施，提高污泥综合利用水平，防止产生再次污染。

第五章 激励措施

第四十二条 国务院和省、自治区、直辖市人民政府设立发展循环经济的有关专项资金，支持循环经济的科技研究开发、循环经济技术和产品的示范与推广、重大循环经济项目的实施、发展循环经济的信息服务等。具体办法由国务院财政部门会同国务院循环经济发展综合管理等有关主管部门制定。

第四十三条 国务院和省、自治区、直辖市人民政府及其有关部门应当将循环经济重大科技攻关项目的自主创新研究、应用示范和产业化发展列入国家或者省级科技发展规划和高技术产业发展规划，并安排财政性资金予以支持。

利用财政性资金引进循环经济重大技术、装备的，应当制定消化、吸收和创新方案，报有关主管部门审批并由其监督实施；

有关主管部门应当根据实际需要建立协调机制，对重大技术、装备的引进和消化、吸收、创新实行统筹协调，并给予资金支持。

第四十四条　国家对促进循环经济发展的产业活动给予税收优惠，并运用税收等措施鼓励进口先进的节能、节水、节材等技术、设备和产品，限制在生产过程中耗能高、污染重的产品的出口。具体办法由国务院财政、税务主管部门制定。

企业使用或者生产列入国家清洁生产、资源综合利用等鼓励名录的技术、工艺、设备或者产品的，按照国家有关规定享受税收优惠。

第四十五条　县级以上人民政府循环经济发展综合管理部门在制订和实施投资计划时，应当将节能、节水、节地、节材、资源综合利用等项目列为重点投资领域。

对符合国家产业政策的节能、节水、节地、节材、资源综合利用等项目，金融机构应当给予优先贷款等信贷支持，并积极提供配套金融服务。

对生产、进口、销售或者使用列入淘汰名录的技术、工艺、设备、材料或者产品的企业，金融机构不得提供任何形式的授信支持。

第四十六条　国家实行有利于资源节约和合理利用的价格政策，引导单位和个人节约和合理使用水、电、气等资源性产品。

国务院和省、自治区、直辖市人民政府的价格主管部门应当按照国家产业政策，对资源高消耗行业中的限制类项目，实行限制性的价格政策。

对利用余热、余压、煤层气以及煤矸石、煤泥、垃圾等低热值燃料的并网发电项目，价格主管部门按照有利于资源综合利用的原则确定其上网电价。

省、自治区、直辖市人民政府可以根据本行政区域经济社会发展状况，实行垃圾排放收费制度。收取的费用专项用于垃圾分类、收集、运输、贮存、利用和处置，不得挪作他用。

国家鼓励通过以旧换新、押金等方式回收废物。

第四十七条 国家实行有利于循环经济发展的政府采购政策。使用财政性资金进行采购的，应当优先采购节能、节水、节材和有利于保护环境的产品及再生产品。

第四十八条 县级以上人民政府及其有关部门应当对在循环经济管理、科学技术研究、产品开发、示范和推广工作中做出显著成绩的单位和个人给予表彰和奖励。

企业事业单位应当对在循环经济发展中做出突出贡献的集体和个人给予表彰和奖励。

第六章 法律责任

第四十九条 县级以上人民政府循环经济发展综合管理部门或者其他有关主管部门发现违反本法的行为或者接到对违法行为的举报后不予查处，或者有其他不依法履行监督管理职责行为的，由本级人民政府或者上一级人民政府有关主管部门责令改正，对直接负责的主管人员和其他直接责任人员依法给予处分。

第五十条 生产、销售列入淘汰名录的产品、设备的，依照《中华人民共和国产品质量法》的规定处罚。

使用列入淘汰名录的技术、工艺、设备、材料的，由县级以上地方人民政府循环经济发展综合管理部门责令停止使用，没收违法使用的设备、材料，并处五万元以上二十万元以下的罚款；情节严重的，由县级以上人民政府循环经济发展综合管理部门提出意见，报请本级人民政府按照国务院规定的权限责令停业或者关闭。

违反本法规定，进口列入淘汰名录的设备、材料或者产品的，由海关责令退运，可以处十万元以上一百万元以下的罚款。进口者不明的，由承运人承担退运责任，或者承担有关处置费用。

第五十一条　违反本法规定，对在拆解或者处置过程中可能造成环境污染的电器电子等产品，设计使用列入国家禁止使用名录的有毒有害物质的，由县级以上地方人民政府产品质量监督部门责令限期改正；逾期不改正的，处二万元以上二十万元以下的罚款；情节严重的，由县级以上地方人民政府产品质量监督部门向本级工商行政管理部门通报有关情况，由工商行政管理部门依法吊销营业执照。

第五十二条　违反本法规定，电力、石油加工、化工、钢铁、有色金属和建材等企业未在规定的范围或者期限内停止使用不符合国家规定的燃油发电机组或者燃油锅炉的，由县级以上地方人民政府循环经济发展综合管理部门责令限期改正；逾期不改正的，责令拆除该燃油发电机组或者燃油锅炉，并处五万元以上五十万元以下的罚款。

第五十三条　违反本法规定，矿山企业未达到经依法审查确定的开采回采率、采矿贫化率、选矿回收率、矿山水循环利用率和土地复垦率等指标的，由县级以上人民政府地质矿产主管部门责令限期改正，处五万元以上五十万元以下的罚款；逾期不改正的，由采矿许可证颁发机关依法吊销采矿许可证。

第五十四条　违反本法规定，在国务院或者省、自治区、直辖市人民政府规定禁止生产、销售、使用粘土砖的期限或者区域内生产、销售或者使用粘土砖的，由县级以上地方人民政府指定的部门责令限期改正；有违法所得的，没收违法所得；逾期继续生产、销售的，由地方人民政府工商行政管理部门依法吊销营业执照。

第五十五条　违反本法规定，电网企业拒不收购企业利用余热、余压、煤层气以及煤矸石、煤泥、垃圾等低热值燃料生产的电力的，由国家电力监管机构责令限期改正；造成企业损失的，依法承担赔偿责任。

第五十六条 违反本法规定，有下列行为之一的，由地方人民政府工商行政管理部门责令限期改正，可以处五千元以上五万元以下的罚款；逾期不改正的，依法吊销营业执照；造成损失的，依法承担赔偿责任：

（一）销售没有再利用产品标识的再利用电器电子产品的；

（二）销售没有再制造或者翻新产品标识的再制造或者翻新产品的。

第五十七条 违反本法规定，构成犯罪的，依法追究刑事责任。

第七章 附 则

第五十八条 本法自2009年1月1日起施行。

附件 2

我国与循环经济相关的法规政策清单

附表 1　法律法规

序号	年份	文件名称	相关内容
1	1996	《矿产资源法》(1986 年通过，1996 年修订)	勘查、开采矿产资源，必须依法分别申请，经批准取得探矿权、采矿权，并办登记。国家实行探矿权、采矿权有偿取得的制度。开采矿产资源，必须按照国家有关规定缴纳资源税和资源补偿费
2	2002	《水法》(1988 年通过，2002 年修订)	水资源属于国家所有。水资源的所有权由国务院代表国家行使。国家对水资源依法实行取水许可制度和有偿使用制度。国家厉行节约用水，大力推行节约用水措施，推广节约用水新技术、新工艺，发展节水型工业、农业和服务业，建立节水型社会。国家对用水实行总量控制和定额管理相结合的制度。直接从江河、湖泊或者地下取用水资源的单位和个人，应当按照国家取水许可制度和水资源有偿使用制度的规定，向水行政主管部门或者流域管理机构申请领取取水许可证，并缴纳水资源费，取得取水权
3	2004	《土地管理法》(1986 年通过，1988 年第一次修正，2004 年第二次修正)	中华人民共和国实行土地的社会主义公有制，即全民所有制和劳动群众集体所有制。国家依法实行国有土地有偿使用制度。国家编制土地利用总体规划，规定土地用途，将土地分为农用地、建设用地和未利用地。严格限制农用地转为建设用地，控制建设用地总量，对耕地实行特殊保护。国家实行占用耕地补偿制度

续表

序号	年份	文件名称	相关内容
4	1996	《煤炭法》	煤炭资源属于国家所有。开办煤矿企业，必须依法向煤炭管理部门提出申请。煤矿投入生产前，煤矿企业应当依照本法规定向煤炭管理部门申请领取煤炭生产许可证。国家提倡和支持煤矿企业和其他企业发展煤电联产、炼焦、煤化工、煤建材等，进行煤炭的深加工和精加工。国家鼓励煤矿企业发展煤炭洗选加工，综合开发利用煤层气、煤矸石、煤泥、石煤和泥炭。国家发展和推广洁净煤技术
5	1998	《节约能源法》	国家鼓励开发、利用新能源和可再生能源。国家鼓励、支持节能科学技术的研究和推广。国务院和省、自治区、直辖市人民政府应当在基本建设、技术改造资金中安排节能资金，用于支持能源的合理利用以及新能源和可再生能源的开发。固定资产投资工程项目的可行性研究报告，应当包括合理用能的专题论证。国家对落后的耗能过高的用能产品、设备实行淘汰制度
6	2006	《可再生能源法》	国家将可再生能源开发利用的科学技术研究和产业化发展列为科技发展与高技术产业发展的优先领域。国家鼓励和支持可再生能源并网发电。建设可再生能源并网发电项目，应当依照法律和国务院的规定取得行政许可或者报送备案。可再生能源发电项目的上网电价，由国务院价格主管部门根据不同类型可再生能源发电的特点和不同地区的情况，按照有利于促进可再生能源开发利用和经济合理的原则确定。国家财政设立可再生能源发展专项资金。对列入国家可再生能源产业发展指导目录、符合信贷条件的可再生能源开发利用项目，金融机构可以提供有财政贴息的优惠贷款。国家对列入可再生能源产业发展指导目录的项目给予税收优惠

续表

序号	年份	文件名称	相关内容
7	2002	《环境影响评价法》	规定了对规划和建设项目实施后可能造成的环境影响进行分析、预测和评估，提出预防或者减轻不良环境影响的对策和措施，进行跟踪监测的方法与制度
8	1989	《环境保护法》	建设项目中防治污染的措施，必须与主体工程同时设计、同时施工、同时投产使用。排放污染物超过国家或者地方规定的污染物排放标准的企业事业单位，依照国家规定缴纳超标准排污费，并负责治理
9	1996	《水污染防治法》（1984 年制定，1996 年修订）	企业事业单位向水体排放污染物的，按照国家规定缴纳排污费；超过国家或者地方规定的污染物排放标准的，按照国家规定缴纳超标准排污费。城市污水集中处理设施按照国家规定向排污者提供污水处理的有偿服务，收取污水处理费用，以保证污水集中处理设施的正常运行。向城市污水集中处理设施排放污水、缴纳污水处理费用的，不再缴纳排污费。企业应当采用原材料利用效率高、污染物排放量少的清洁生产工艺，并加强管理，减少水污染物的产生。国家对严重污染水环境的落后生产工艺和严重污染水环境的落后设备实行淘汰制度
10	2000	《大气污染防治法》	企业应当优先采用能源利用效率高、污染物排放量少的清洁生产工艺，减少大气污染物的产生。国家采取有利于煤炭清洁利用的经济、技术政策和措施，鼓励和支持使用低硫份、低灰份的优质煤炭，鼓励和支持洁净煤技术的开发和推广
11	2005	《固体废物污染环境防治法》（1995 年制订，2005 年修订）	国家对固体废物污染环境防治实行污染者依法负责的原则。国家鼓励单位和个人购买、使用再生产品和可重复利用产品。产品和包装物的设计、制造，应当遵守国家有关清洁生产的规定。生产、销售、进口依法被列入强制回收目录的产品和包装物的企业，必须按照国家有关规定对该产品和包装物进行回收。企业事业单位应当合理选择和利用原材料、能

续表

序号	年份	文件名称	相关内容
11	2005	《固体废物污染环境防治法》（1995 年制订，2005 年修订）	源和其他资源，采用先进的生产工艺和设备，减少工业固体废物产生量，降低工业固体废物的危害性。矿山企业应当采取科学的开采方法和选矿工艺，减少尾矿、矸石、废石等矿业固体废物的产生量和储存量
12	2003	《清洁生产促进法》	较系统地对生产领域节约资源、提高资源利用率、资源综合利用、减少有毒有害原料的使用，以及合理包装等进行了规范
13	2007	《循环经济法（草案）》（2007 年 8 月 24 日提交十届全国人大常委会第二十九次会议首次审议）	以“减量化、再利用、资源化”为主线，共 7 章 61 条，分别为总则、基本管理制度、关于减量化的规定、关于再利用和资源化的规定，以及激励措施、法律责任和附则。草案坚持减量化优先的原则，规定了循环经济规划制度、抑制资源浪费和污染物排放的总量调控制度、循环经济评价考核制度、以生产者为主的责任延伸制度、对高耗能高耗水企业的管理、激励措施和法律责任制度 8 大管理制度
14	2001	《报废汽车回收管理办法》（2001 年 6 月 13 日国务院第 41 次常务会议通过）	报废汽车的回收工作，实行统一管理、分级负责。设立报废汽车回收企业，除要符合有关法律、行政法规规定的设立企业的条件外，在注册资本、拆解场地、拆解设备和消防设施、拆解能力、从业人员、经营行为记录以及环保标准等方面，也要具备相应的条件。拟从事报废汽车回收业务的，应当向有关部门提出申请，办理登记手续，领取营业执照。严禁报废汽车、拼装车和总成进入旧车市场
15	2006	《国家鼓励的资源综合利用认定管理办法》（发改环资[2006]1864 号）	共 6 章 34 条，包括总则、申报条件和认定内容、申报及认定程序、监督管理、罚则和附则。体现了以鼓励资源综合利用、提高资源利用率为核心，以加强效能、监督管理为重点，建立更加规范、更加有效的资源综合利用认定管理制度

续表

序号	年份	文件名称	相关内容
16	2007	《再生资源回收管理办法》(2006 年 5 月 17 日商务部第 5 次部务会议审议通过)	共 5 章，分为总则、经营规则、监督管理、罚则和附则，共 29 条。《办法》主要解决了以下 4 个问题：为理顺再生资源回收行业的监管体系，明确了统一管理、分工负责的行业监管原则；为结束回收网点布局无序的现状，明确了回收网点规划的制定原则；为掌握行业基本状况、便于监管，建立了再生资源回收经营主体的备案制度；为强化对生产性废旧金属的回收主体、回收行为的监督管理，完善了回收生产性废旧金属的登记制度

附表 2　综合性政策

序号	年份	文件名称	相关内容
1	2005	《国务院关于做好建设节约型社会近期重点工作的通知》(国发[2005]21 号)	从节能、节水、节材、节地和资源综合利用 5 个方面提出了近期建设节约型社会的重点工作，并提出了加快节约资源的体制机制和法制建设 7 个方面的措施。
2	2005	《国务院关于加快发展循环经济的若干意见》(国发［2005］22 号)	确立了我国发展循环经济的指导思想、基本原则和发展目标。要求抓好节能降耗、清洁生产、综合利用、环保产业四项重点工作和资源开采、资源消耗、废物产生、再生资源产生、消费五个重点环节。强调要加强对循环经济发展的宏观指导，把发展循环经济作为编制有关规划的重要指导原则，建立循环经济评价指标体系和统计核算制度，制定和实施推进计划，加快经济结构调整和优化区域布局；要加快循环经济技术开发，抓紧制定技术政策，建立技术咨询服务体系，制定和完善标准体系；要建立和完善促进循环经济发展的政策机制，加大投资支持力度，制定扶持的财政和收费政策，利用价格杠杆促进循环经济发展；要坚持依法推进循环经济发展，加大法规体系建设和依法监管力度；要加强对发展循环经济工作的组织领导，开展试点示范，加强宣传教育和培训，全面推进我国循环经济的发展

续表

序号	年份	文件名称	相关内容
3	2005	《国家环保总局关于推进循环经济发展的指导意见》（环发［2005］114号）	明确了环保部门在推进循环经济工作中的作用与地位和具体内容
4	2005	《关于组织开展循环经济试点（第一批）工作的通知》（发改环资［2005］2199号，国家发展改革委、国家环保总局、科技部、财政部、商务部、国家统计局联合发文）	在钢铁、有色、煤炭、电力、化工、建材、轻工等行业，再生资源回收利用体系建设、废旧金属再生利用、废旧家电回收利用、再制造等领域，不同类型的工业和农业园区，不同类型的省市组织开展循环经济试点工作
5	2005	国家发展改革委、国家能源办和国家统计局下发通知建立GDP能耗指标公报制度	要求从2006年开始，每年6月底国家发展改革委、国家能源办、国家统计局联合向社会公布上一年度各地区万元GDP能耗、万元GDP能耗降低率、规模以上工业企业万元工业增加值能耗和万元GDP电力消费量指标
6	2006	《国务院关于同意建立发展循环经济工作部际联席会议制度的批复》（国函［2006］5号）	建立由发展改革委牵头的发展循环经济工作部际联席会议制度。主要职能是在国务院领导下，研究拟订发展循环经济的重大政策措施，向国务院提出建议；协调解决推进循环经济发展中的重大问题；讨论确定年度工作重点并协调落实；指导、督促、检查发展循环经济的各项工作

续表

序号	年份	文件名称	相关内容
7	2006	循环经济作为专章列入《国民经济和社会发展第十一个五年规划纲要》	明确提出要把节约资源作为基本国策，并要求到 2010 年单位国内生产总值（GDP）能源消耗比“十五”期末降低 20%左右 第 22 章《发展循环经济》，包括节约能源、节约用水、节约土地、节约材料、加强资源综合利用和强化促进节约的政策措施 6 部分内容
8	2006	《国务院关于加强节能工作的决定》（国发［2006］28 号）	包括加快构建节能型产业体系、着力抓好重点领域节能、大力推进节能技术进步、加大节能监督管理力度和建立健全节能保障机制等内容
9	2006	《关于加强政府机构节约资源工作的通知》（发改环资［2006］284 号，国家发展改革委、国管局、财政部、中直管理局、总后勤部联合发文）	要求各级政府机构要充分认识节约资源工作的重要意义，带头厉行节约，发挥表率作用，自觉接受社会和群众的监督；要通过科学决策、加强管理、技术进步和宣传教育等措施，优化政府机构资源配置，降低行政开支，引导资源消费方式的改变，带动全社会做好节约资源工作
10	2007	《国务院关于印发节能减排综合性工作方案的通知》（国发［2007］15 号）	要求各地区和各职能部门充分认识到节能减排工作的重要性和紧迫性；发挥政府主导作用，强化企业主体责任，狠抓节能减排责任落实和执法监管，形成以政府为主导、企业为主体、全社会共同推进的节能减排工作格局。同时，为加强对节能减排工作的组织领导，国务院还成立了节能减排工作领导小组，部署具体工作，协调解决工作中的重大问题。总共 10 大项 45 条内容中，有 43 条是专门针对节能减排的具体措施，包括调整和优化机构，实施重点工

续表

序号	年份	文件名称	相关内容
10	2007	《国务院关于印发节能减排综合性工作方案的通知》（国发［2007］15号）	程，发展循环经济，加快技术开发和推广，强化责任，健全法制，完善政策，提高全民节约意识和发挥政府节能表率作用等方面，对节能减排工作的方向和内容进行了规定，确保各项工作落到实处
11	2007	《关于印发循环经济评价指标体系的通知》（发改环资［2007］1815号，国家发展改革委、国家环保总局、国家统计局联合发文）	包括宏观层面和工业园区两套指标体系。宏观层面循环经济评价指标体系，用于对全社会和各地发展循环经济状况进行总体的定量判断，为制定和实施循环经济发展规划提供依据。工业园区评价指标主要用于定量评价和描述园区内循环经济发展状况，为工业园区发展循环经济提供指导
12	2007	《关于印发节能减排全民行动实施方案的通知》（发改环资［2007］2132号，国家发展改革委等17个部委）	包括节能减排家庭社区行动、青少年行动、企业行动、学校行动、军营行动、政府机构行为、科技行动、科普行为和媒体行动九大内容

附表3　产业政策

序号	年份	文件名称	相关内容
1	2005	《国务院关于发布实施〈促进产业结构调整暂行规定〉的决定》（国发［2005］40号）	明确了当前及今后一段时期产业结构调整的目标、原则、方向和重点，以及《产业结构调整指导目录》（2005）中鼓励、限制和淘汰三类目录的分类原则和配套政策。其中包括对有利于节约资源、保护环境的关键技术、装备及产品予以鼓励和支持，对严重浪费资源能源、污染环境的落后工艺技术、装备及产品进行淘汰

续表

序号	年份	文件名称	相关内容
2	2005	《产业结构调整指导目录》(国家发展改革委)	《产业结构调整指导目录》是《促进产业结构调整暂行规定》的配套文件，涉及 20 多个行业，其中鼓励类 539 条，限制类 190 条，淘汰类 399 条
3	2006	《国务院关于加快推进产能过剩行业结构调整的通知》(国发［2006］11 号)	钢铁、电解铝、电石、铁合金、焦炭、汽车等行业产能已经出现明显过剩；水泥、煤炭、电力、纺织等行业目前虽然产需基本平衡，但在建规模很大，也存在着产能过剩问题。要严格控制新上项目。根据有关法律法规，制定更加严格的环境、安全、能耗、水耗、资源综合利用和质量、技术、规模等标准，提高准入门槛。依法关闭一批破坏资源、污染环境和不具备安全生产条件的小企业，分期分批淘汰一批落后生产能力，对淘汰的生产设备进行废毁处理。加强信贷、土地、建设、环保、安全等政策与产业政策的协调配合。完善限制高耗能、高污染、资源性产品出口的政策措施
4	2006	《关于发布实施〈限制用地项目目录(2006 年本)〉和〈禁止用地项目目录(2006 年本)〉的通知》(国土资发［2006］296 号)	进一步加强宏观调控，促进节约集约利用土地和产业结构调整。凡列入《限制目录》第 1 至第 10 类的建设项目或者采用所列工艺技术、装备的建设项目，各级国土资源管理部门和投资管理部门一律不得办理相关手续；凡列入《限制目录》第 11 至第 14 类的建设项目，必须符合目录规定条件，各级国土资源管理部门和投资管理部门方可办理相关手续

续表

序号	年份	文件名称	相关内容
5	2006	《关于加强固定资产投资项目节能评估和审查工作的通知》（发改投资［2006］2787号）	国家发展改革委审批、核准和报请国务院审批、核准的固定资产投资项目，可行性研究报告或项目申请报告必须包括节能分析篇（章）；咨询评估单位的评估报告必须包括对节能分析篇（章）的评估意见；国家发展改革委的批复文件或报国务院的请示文件必须包括对节能分析篇（章）的批复或请示内容
6	2007	《关于印发固定资产投资项目节能评估和审查指南（2006）的通知》（国家发展改革委，2007年1月5日）	对开展固定资产投资项目节能评估和审查现有可依据的相关法律法规、产业和技术政策、标准和设计规范进行了收集、整理。在此基础上，编制了固定资产投资项目节能评估和审查指南（2006）
7	2007	《关于加快节能减排投资项目环境影响评价审批工作的通知》（环办［2007］111号）	对拟申请国家补助或奖励资金的地方审批、核准或备案的十大重点节能工程、工业节水、矿井水利用、海水利用、资源综合利用、清洁生产、循环经济试点、重点污染源治理以及重点流域工业废水治理等节能减排投资项目，应加快开展环境影响评价审批工作
8	2004	《汽车产业发展政策》（国家发展改革委）	明确了促进汽车产业与关联产业、城市交通基础设施和环境保护协调发展的政策目标。在技术政策中提出了引导和鼓励发展节能环保型小排量汽车，开发新型动力汽车，开发新型车用燃料和生产新型燃料汽车，提高汽车燃油经济性指标等一系列要求

续表

序号	年份	文件名称	相关内容
9	2006	《国家发展改革委关于汽车工业结构调整意见的通知》（发改工业［2006］2882号）	控制新建整车项目，适当提高投资准入条件。鼓励发展节能、环保型汽车和自主品牌产品：国家有关部门将制定具体配套政策和相关标准，鼓励节能、环保型汽车发展，推动技术进步，加快汽车产品结构升级。对不能达到国家安全、环保和节能强制性标准的产品，取消其相应的产品目录；对不能达到《乘用车燃料消耗量限值》国家强制性标准要求的乘用车额外增加税收，并要尽快出台轻型商用车和大型商用车的燃料消耗量限值标准。各级政府部门应率先采购节能环保和采用新能源的汽车，特别是自主品牌的产品，为普通消费者作出表率
10	2005	《钢铁产业发展政策》（国家发展改革委）	包括政策目标、产业发展规划、产业布局调整、产业技术政策、企业组织结构调整、投资管理、原材料政策、钢材节约使用、其他等 9 章，共 40 条，分别提出了钢铁产业发展总体目标、产品结构调整、组织结构调整、产业布局调整目标以及技术经济指标和发展循环经济的要求；什么样的企业可以编制规划报国家核准；产业布局调整的原则、重点；技术装备政策；鼓励企业进行联合重组；钢铁行业的市场准入标准；依法保护开采矿产资源和限制高污染、高能耗、高资源消耗产品的出口；鼓励全社会树立节约使用钢材；有关单位的职责等内容
11	2006	《关于钢铁工业控制总量淘汰落后加快结构调整的通知》（发改工业［2006］1084 号）	对于违反法律法规和钢铁产业政策的企业或项目，金融机构不提供任何形式的信贷支持；国土资源管理部门不予办理用地手续；环保管理部门不受理其环境影响评价文件；商务部门不予批准其合同和章程，不发放外商投资企业证书；质检部门不发放生产许可证或依法收回生产许可证；证监会不允许其在境内外证券市场上募集资金；项目审批部门不予出具项目确认书；海关不予减免进口设备的关税和进口环节增值税；工商、税务部门不予登记；设计部

续表

序号	年份	文件名称	相关内容
11	2006	《关于钢铁工业控制总量淘汰落后加快结构调整的通知》(发改工业［2006］1084号)	门不提供设计；物价部门及水、电供应单位，要研究制定差别水价、电价政策，对能耗高、污染重、装备水平低的落后钢铁企业，提高其用水、用电价格，并报国家有关部门备案。各部门要根据产业政策，结合部门职能，制定具体配套办法。投资主管部门严格按照钢铁产业政策规定的技术、资金、资源消耗、能耗、水耗、土地和环保等方面的准入标准，严格市场准入。按照《大气污染防治法》、《水污染防治法（96修正）》、《固体废物污染环境防治法（2004年修订）》、《清洁生产促进法》和《安全生产法》以及《钢铁产业发展政策》、《产业结构调整指导目录》（2005年本）等现行的有关法律法规，关闭一批浪费资源、污染环境和不具备生产条件的落后生产能力。2007年前重点淘汰200立方米及以下高炉、20吨及以下转炉和电炉的落后能力；2010年前淘汰300立方米及以下高炉等其他落后装备的能力
12	2005	《国务院办公厅转发发展改革委等部门关于鼓励发展节能环保型小排量汽车意见的通知》（国办发［2005］61号)	有关部门要加快制定有关政策措施，引导、鼓励消费者购买和使用低能耗、低污染、小排量、新能源、新动力汽车。各地在2006年3月底以前，解除所有针对节能环保型小排量汽车的上路限制
13	2006	《印发关于加快水泥工业结构调整的若干意见的通知》(发改运行[2006]609号)	完善现行资源综合利用政策中有关水泥利废税收优惠规定。加强石灰石矿产资源管理和建设项目审批。统筹考虑资源配置的均衡，鼓励采用先进开采技术，合理开发利用石灰石资源，制定和完善在石灰石矿山开发中的环境保护、尾矿资源利用、开采后的土地复垦和生态恢复方面的政策规定。抓紧研究制定鼓励

续表

序号	年份	文件名称	相关内容
13	2006	《印发关于加快水泥工业结构调整的若干意见的通知》（发改运行［2006］609 号）	水泥工业资源综合利用和处理工业、城市垃圾方面的配套政策措施。加强大型高效粉磨系统、低热值燃料应用、低温余热发电、城市垃圾处理、工业废渣及可燃废弃物的应用、新型绿色水泥基材料等研究
14	2005	《铝工业发展专项规划》、《铝工业产业发展政策》（2005 年 9 月 7 日国务院常务会议讨论并原则通过）	要大力发展循环经济，开发和推广使用高性能、低成本、低消耗的新型铝产品，发展废杂铝回收再生产业，降低消耗，减少污染，提高铝资源利用率。要充分利用国内外两种资源，建立稳定的铝工业资源供给保障体系
15	2006	《关于加快铝工业结构调整指导意见的通知》（发改运行［2006］589 号）	提高产业集中度，鼓励综合利用和节约资源。严格执行环保标准，淘汰落后的电解铝生产能力。利用国债资金等多种融资手段，支持企业的环保、节能改造。完善资源补偿机制及资源税费政策。加大勘探力度，增加后备资源。开发低品位铝土矿利用技术，提高资源利用率。继续对电解铝产品出口执行取消退税政策，严格禁止氧化铝加工贸易
16	2007	《国家发展改革委关于进一步贯彻落实加快产业结构调整政策措施遏制铝冶炼投资反弹的紧急通知》（发改运行［2007］709 号）	严格执行电解铝、氧化铝投资项目核准及土地、环保审批的有关规定。必须有资源综合利用、节能减排等设施，选用的工艺及设备必须满足国家《节约能源法》、《清洁生产促进法》、《环境保护法》等法律法规的要求。加强产业政策与土地、环保、融资政策的协调配合和市场监管。抓好节能降耗工作，促进产业结构调整。利用国债资金等多种融资手段，支持企业的环保、节能改造

续表

序号	年份	文件名称	相关内容
17	2005	《国务院关于促进煤炭工业健康发展的若干意见》（国发［2005］18号）	进一步完善矿业权有偿取得制度，规范煤炭矿业权价款评估办法，逐步形成矿业权价款市场发现机制，实现矿业权资产化管理。要积极探索多种激励约束机制，促使煤炭生产企业节约煤炭资源
18	2007	《天然气利用政策》（国家发展改革委）	主要包括6方面内容：一是制定政策的必要性；二是适用范围和管理主体；三是指导思想和基本原则；四是天然气利用领域和顺序；五是促进天然气节约利用；六是保障措施。天然气利用领域归纳为四大类，即城市燃气、工业燃料、天然气发电和天然气化工。综合考虑天然气利用的社会效益、环保效益和经济效益等各方面因素，根据不同用户用气的特点，将天然气利用分为优先类、允许类、限制类和禁止类。城市燃气列为优先类，禁止以天然气为原料生产甲醇；禁止在大型煤炭基地所在地区建设基荷燃气发电站；禁止以大、中型气田所产天然气为原料建设LNC项目
19	2006	《关于加快电力工业结构调整促进健康有序发展有关工作的通知》（发改能源［2006］661号）	各地要结合本地区电源情况，逐步关停拆除能耗高的火电机组，在逐一落实关停机组的基础上，制定可行的关停实施方案，切实做好小机组关停后的有关工作，加快凝汽式小火电及燃油机组的关停步伐。力争“十一五”期间关停5万千瓦及以下凝汽式燃煤小机组1 500万千瓦，关停老小燃油机组700万千瓦的目标。优先安排可再生、高效、污染排放低的机组发电，限制能耗高、污染大、违反国家政策和有关规定的机组发电。重点对火电机组进行优化调度，鼓励煤耗低、排放少、节水型机组发电；依法贯彻落实《可再生能源法》中有关可再生能源发电电价、电量、上网等政策，加大对可再生能源的扶植力度，实现水电全额上网，同网同价

续表

序号	年份	文件名称	相关内容
20	2006	《国家发展改革委办公厅关于做好小火电机组关停调查工作的通知》（发改能源［2006］392号）	对过去已明确的关停机组进行全面核查清理
21	2007	《国务院批转发展改革委、能源办关于加快关停小火电机组若干意见的通知》（国发［2007］2号）	以《产业结构调整指导目录（2005年本）》为主要依据，结合节能和环保要求，提出了小火电机组的关停范围，主要包括大电网覆盖范围内单机容量5万千瓦及以下的火电机组、单机10万千瓦及以下且运行满20年的常规火电机组，以及其他未达到节能环保标准、供电煤耗明显偏高和运行已达设计年限的火电机组。同时明确，经整改仍达不到国家规定要求的热电联产和资源综合利用机组，也要关停；非供热期供电煤耗明显偏高的热电机组在非供热期应停止运行或限制发电。对一些关停后可能影响当地供热或供电安全的机组，经评估情况属实的，可暂缓关停。要改进发电调度方式，实行节能环保调度，按照各发电机组的能耗水平排序，节能者优先发电；推行发电机组统一调度，引入市场竞争机制，为关停小火电机组创造条件
22	2005	《国家发展改革委关于加快火电厂烟气脱硫产业化发展的若干意见》	为从根本上解决火电厂二氧化硫污染问题，促进火电厂烟气脱硫产业化发展提出实施办法

续表

序号	年份	文件名称	相关内容
23	2006	《国家发展改革委关于加强煤化工项目建设管理促进产业健康发展的通知》（发改工业［2006］1350号）	煤化工产业发展应“量水而行”，严禁挤占生活用水和农业用水发展煤化工产业。限制高耗水工艺和装备的应用，鼓励采用节水型工艺，大力提倡废水、中水、矿井水回用等煤化工技术 按照发展循环经济，建立和谐社会的要求，煤化工项目必须达到废弃物减量化、资源化和无害化标准。对不能实现废弃物综合利用和无害化处理的煤化工项目应不予核准或备案
24	1992	《国务院批转国家建材局等部门关于加快墙体材料革新和推广节能建筑意见的通知》（国发［1992］66号）	要求加大政策法规的调控力度，创造墙体材料革新和推广节能建筑的良好外部环境；坚持用系统工程方法推进墙体材料革新和发展节能建筑工作；加强组织领导墙体材料革新与建筑节能工作不仅对节约能源、改善建筑功能具有重大意义，而且是保护耕地、保护环境的重要措施
25	2004	《关于印发进一步做好禁止使用实心粘土砖工作的意见的通知》（发改环资［2004］249号）	对“禁实”工作的成绩和进展进行了总结，分析了存在的问题，指出了下一步工作意见
26	2005	《国务院办公厅关于进一步推进墙体材料革新和推广节能建筑的通知》（国办发［2005］33号）	要求进一步推进墙体材料革新和推广节能建筑，力争到2006年，新建建筑严格执行建筑节能设计标准，有条件的城市率先执行节能率65%的地方标准。到2010年，新型墙体材料产量占墙体材料总量的比重达到55%以上，建筑应用比例达到65%以上；严寒、寒冷地区应执行节能率65%的标准

续表

序号	年份	文件名称	相关内容
27	1985	《关于开展资源综合利用若干问题的暂行规定》(国发[1985]117号)	明确了国家对资源综合利用实行鼓励和扶持政策，并制定了相应的《资源综合利用目录》(1985)
28	1996	《国务院转批国家经贸委等部门关于进一步开展资源综合利用意见的通知》(国发[1996]36 号)	明确了资源综合利用的范围。享受优惠政策的范围，按照《资源综合利用目录》(1996) 执行。加强资源的综合开发和合理利用，防止资源浪费和环境污染。采取措施，支持综合利用电厂生产电力、热力。严格管理，搞好废旧物资的回收和再生利用
29	2004	《关于印发＜资源综合利用目录(2003 年修订)＞的通知》(发改环资[2004] 73 号)	对《资源综合利用目录》(1996) 进行了修订，提出了新的《资源综合利用目录》(2003)，是新时期企业享受国家资源综合利用税收优惠政策的依据，体现了国家鼓励综合利用发展的政策导向
30	2006	《国家鼓励的资源综合利用认定管理办法》(发改环资 [2006] 1864 号)	详见附表 1　法律法规
31	2007	《关于 2007～2010 年煤矸石综合利用电厂项目建设有关事项的通知》(国家发展改革委)	确定 2007～2010 年全国新建煤矸石综合利用电厂 50 座，总装机规模 2 000 万千瓦

续表

序号	年份	文件名称	相关内容
32	2007	《申报国家发展改革委审核的资源综合利用电厂认定管理暂行规定》（发改办环资［2007］1564号）	对各地资源综合利用认定管理工作和申报国家发展改革委审核的资源综合利用电厂有关要求进行规定
33	2006	《“十一五”资源综合利用指导意见》（国家发展改革委）	在分析我国资源综合利用现状的基础上，提出了2010年资源综合利用目标、重点领域、重点工程和保障措施。确定了共伴生矿产资源综合开发利用工程、大宗固体废物资源化利用工程、再生金属加工产业化工程、废旧家电废旧轮胎等再生资源产业化工程、再生资源回收体系建设示范工程、农业废弃物和木材综合利用工程六大资源综合利用重点工程。这是我国“十一五”期间资源综合利用工作的指导性文件，也是引导投资及决策重大项目的依据
34	1997	国家环保总局《关于推行清洁生产的若干意见》（环控［1997］232号）	对各级环保部门加强清洁生产的宣传、调整管理制度、制定经济政策等方面提出了指导性的建议
35	1999	《关于实施清洁生产示范试点计划的通知》（国经贸资源［1999］402号）	为进一步推动全国清洁生产工作的开展，国家经贸委决定实施清洁生产示范试点计划。包括试点范围、原则、要求和实施步骤

续表

序号	年份	文件名称	相关内容
36	2001	《关于开展清洁生产审计机构试点工作的通知》（环发［2001］154号）	目的是加强清洁生产审计机构建设，规范清洁生产审计队伍，完善清洁生产管理体制
37	2003	《国务院办公厅关于转发发展改革委等部门关于加快推行清洁生产意见的通知》（国办发［2003］100号）	从宏观层面上要求在重点行业推广清洁生产，完善法规和政策体系，加强监督管理

附表 4　财税政策

序号	年份	文件名称	相关内容
1	2002	《财政部、国家经贸委关于发布＜散装水泥专项资金征收和使用管理办法＞的通知》（财综［2002］23号）	凡袋装水泥生产企业（包括水泥粉磨站，下同）、使用单位，应按照本办法规定缴纳散装水泥专项资金。散装水泥专项资金使用范围包括：（1）新建、改建和扩建散装水泥、预拌砂浆专用设施；（2）购置和维修散装水泥、预拌混凝土、预拌砂浆设备；（3）散装水泥、预拌混凝土、预拌砂浆建设项目贷款贴息；（4）散装水泥、预拌混凝土、预拌砂浆科研、新技术开发、示范与推广；（5）发展散装水泥宣传；（6）代征手续费；（7）经地方同级财政部门批准与发展散装水泥有关的其他开支

续表

序号	年份	文件名称	相关内容
2	2002	《财政部、国家经贸委关于发布〈新型墙体材料专项基金征收和使用管理办法〉的通知》（财综［2002］55号）	凡新建、扩建、改建建筑工程未使用新型墙体材料的建设单位（以下简称“建设单位”），应按照本办法规定缴纳新型墙体材料专项基金。新型墙体材料专项基金必须专款专用，使用范围包括：（1）引进、新建、扩建、改造新型墙体材料生产线工程项目的贴息；（2）新型墙体材料示范项目（含引进项目）和推广应用试点工程的补贴；（3）新型墙体材料的科研、新技术与新产品开发及推广；（4）发展新型墙体材料的宣传；（5）代征手续费；（6）经地方同级财政部门批准与发展新型墙体材料有关的其他开支
3	2004	《财政部关于印发〈中央补助地方清洁生产专项资金使用管理办法〉的通知》（财建［2004］343号）	对中央补助地方清洁生产专项资金的使用管理作了具体规定
4	2007	《财政部 国家发展改革委关于印发〈节能技术改造财政奖励资金管理暂行办法〉的通知》（财建［2007］371号）	对十大重点节能工程（包括：燃煤工业锅炉（窑炉）改造工程；区域热电联产工程；余热余压利用工程；节约和替代石油工程；电机系统节能工程；能量系统优化工程；建筑节能工程；绿色照明工程；政府机构节能工程；节能监测和技术服务体系建设工程）范围内的企业节能技术改造项目，实行“以奖代补”新机制，按改造后实际取得的节能量给予奖励，多节能，多奖励。政府主要是对节能结果进行考核和奖励，以新的机制确保政策实施的针对性和实效性
5	1989	《石油地震勘探损害补偿规定》（国务院批准，1989年能源部令第1号）	要求在石油地震勘探过程中，地震作业队按照实际损害程度给予损害的个人或者单位一次性货币补偿

续表

序号	年份	文件名称	相关内容
6	1995	《中外合作开采陆上石油资源交纳矿区使用费暂行规定》（国务院批准，1990年财政部第3号令，1995修改）	要求合作从事开采路上石油资源的中国企业和外国企业依照此规定按产量缴纳矿区使用费
7	1997	《矿产资源补偿费征收管理规定》（1993年6月29日国务院第6次常务会议通过，1997年修改）	规定采矿权人开采不可再生矿产资源需要向国家（国家是矿产资源所有者）提供资源补偿费用。征收资源补偿费的费率按矿种分别规定，费率为0.5%～4%
8	1997	《国务院关于修改〈矿产资源补偿费征收管理规定〉的决定》	将《矿产资源补偿费征收管理规定》第10条第（1）款修改为："征收的矿产资源补偿费，应当及时全额上缴，并按照下款规定的中央与省、自治区、直辖市的分成比例分别入库，年终不再结算。"
9	1999	《探矿权采矿权使用费和价款管理办法》（财综字[1999]74号）	国家将矿产资源探矿权采矿权出让给探矿权人采矿人，按规定向探矿权人或采矿权人收取使用费，并制定了探矿权采矿权使用费收取标准

续表

序号	年份	文件名称	相关内容
10	1999	《探矿权采矿权使用费和价款管理办法的补充通知》(财综字［1999］183号)	对《探矿权采矿权使用费和价款管理办法》(财综字［1999］74号)执行中的具体问题进行了补充
11	2000	《国土资源部关于国家紧缺矿产资源探矿权采矿权使用费减免办法的通知》(国土资发［2000］76号)	规定国家紧缺的矿产资源，如富铁矿、磷镁矿、钾盐、铜矿等可申请减免采矿权使用费
12	2000	《探矿权采矿权使用费减免办法》(国土资发［2000］174号)	规定对国土资源部确定并发布的国家紧缺矿产资源的探矿权采矿权使用费按照现有规定予以减免
13	2002	《关于印发〈中央所得探矿权采矿权使用费和价款使用管理暂行办法〉的通知》(国土资发［2002］433号)	两权使用费和价款实行“收支两条线”管理，坚持“以收定支、专款专用、预算控制、超支不补”的原则。明确了指出范围、预算管理和财务管理

续表

序号	年份	文件名称	相关内容
14	2006	《财政部、国土资源部、中国人民银行关于探矿权采矿权价款收入管理有关事项的通知》（财建［2006］394 号）	自 2006 年 9 月 1 日起，国家出资形成的探矿权采矿权价款收入按固定比例进行分成，其中 20%归中央所有，80%归地方所有。而省、市、县分成比例由省级人民政府根据实际情况自行确定
15	2006	《国务院关于同意深化煤炭资源有偿使用制度改革试点实施方案的批复》（国函［2006］102 号）	主要目标是：加大对煤炭资源勘查的支持力度，完善煤炭资源税费政策，加强煤炭资源开发管理和宏观调控，促进煤炭资源合理有序开发，不断提高煤炭资源回采率。其改革核心是：将矿业权取得由“双轨制”改为“单轨制”，即严格实行煤炭资源探矿权、采矿权有偿取得。其改革的重点是：建立新机制，即建立煤炭资源勘查、开发和矿山环境保护的约束和激励机制。试点实施方案的政策措施主要有 5 个方面：一是严格实行煤炭资源探矿权、采矿权有偿取得制度；二是将煤炭资源勘察作为中央地质勘查基金（周转金）的支持重点；三是建立煤矿矿山环境治理和生态恢复责任机制；四是合理调整煤炭资源税费政策；五是加强煤炭资源开发管理和宏观调控。这次改革试点最大的突破就是将目前煤炭矿业权取得有偿和无偿并存的“双轨制”统一改为有偿取得的“单轨制”
16	1993	《中华人民共和国资源税暂行条例》（国务院发布）	规定矿产资源税的征收范围为原油、天然气、煤炭、黑色金属原矿、有色金属原矿和其他非金属原矿等；征收采取从量定额的办法

续表

序号	年份	文件名称	相关内容
17	2004	《财政部、国家税务总局关于调整陕西省部分地区煤炭企业资源税税额的通知》（财税［2004］128号）	规定自2004年1月1日期，将陕西省延安、榆林两市境内地方煤炭企业及咸阳彬长、旬东矿区煤炭企业资源税单位税额调整为每吨2.3元
18	1994	《财政部、国家税务总局关于企业所得税若干优惠政策的通知》（财税字［1994］1号）	企业利用废水、废气、废渣等废弃物为主要原料进行生产的，可在五年内减征或免征所得税
19	2007	《企业所得税法》（2007年3月16日第十届全国人民代表大会第五次会议通过，2008年1月1日起施行）	对企业从事符合条件的环境保护、节能节水项目所得免征或减征企业所得税；对企业购置用于环境保护、节能节水等专用设备的投资额，可以按一定的比例实行税额抵免
20	1993	《中华人民共和国土地增值税暂行条例》（国务院发布）	转让国有土地使用权、地上的建筑物及其附着物（以下简称转让房地产）并取得收入的单位和个人，为土地增值税的纳税义务人（以下简称纳税人），应当依照本条例缴纳土地增值税

续表

序号	年份	文件名称	相关内容
21	1994	《国家税务总局、国家计委关于印发固定资产投资方向调节税“资源综合利用、仓储设施”税目税率注释的通知》（国税发［1994］008号）	列出了资源综合利用的零税率适用范围
22	1994	《财政部、国家税务总局关于调整农业产品增值税税率和若干项目征免增值税的通知》（财税字［1994］4号）	一般纳税人生产原料中掺有煤矸石、石煤、粉煤灰、烧煤锅炉的炉底渣及其他废渣（不包括高炉水渣）生产的墙体材料，可按简易办法依照6%征收率计算缴纳增值税，并可由其自己开具专用发票
23	1995	《财政部、国家税务总局关于林业税收问题的通知》（财税字［1995］3号）	对国有森工企业以林区三剩物和次小薪材为原料生产加工的综合利用产品，在1995年内由税务部门实行增值税即征即退办法
24	1995	《财政部、国家税务总局关于对部分资源综合利用产品免征增值税的通知》（财税字［1995］44号）	对企业生产的原料中掺有不少于30%的煤矸石、石煤、粉煤灰、烧煤锅炉的炉底渣（不包括高炉水渣）的建材产品，在1995年底以前免征增值税。对企业利用废液（渣）生产的黄金、白银，按照现行对黄金、白银生产的税收政策，在1995年底以前免征增值税

续表

序号	年份	文件名称	相关内容
25	1996	《财政部国家税务总局关于继续对部分资源综合利用产品等实行增值税优惠政策的通知》（财税字［1996］20号］	从1996年1月1日起，继续执行《财政部、国家税务总局关于对部分资源综合利用产品免征增值税的通知》（财税字［1995］44号）中规定的增值税优惠政策
26	2001	《财政部、国家税务总局关于废旧物资回收经营业务有关增值税政策的通知》（财税［2001］78号）	自2001年5月1日起，对废旧物资回收经营单位销售其收购的废旧物资免征增值税。生产企业增值税一般纳税人购入废旧物资回收经营单位销售的废旧物资，可按照废旧物资回收经营单位开具的由税务机关监制的普通发票上注明的金额，按10%计算抵扣进项税额
27	2001	《财政部、国家税务总局关于污水处理费有关增值税政策的通知》（财税［2001］97号）	对各级政府及主管部门委托自来水厂（公司）随水费收取的污水处理费，免征增值税
28	2003	《国家税务总局关于水煤浆产品适用增值税税率的批复》（国税函［2003］第1144号）	自2003年起，对水煤浆产品可比照煤炭，按13%的税率征收增值税

续表

序号	年份	文件名称	相关内容
29	1994	《中华人民共和国消费税暂行条例》（1993 年 12 月 13 日国务院令第 135 号发布，自 1994 年 1 月 1 日起施行）	对烟、酒、小汽车、汽油、柴油、摩托车等 11 类产品征收消费税
30	2000	《财政部 国家税务总局关于香皂和汽车轮胎消费税政策的通知》（财税［2000］145 号）	自 2000 年 1 月 1 日起，对“汽车轮胎”税目中的子午线轮胎免征消费税，对翻新轮胎停止征收消费税
31	1998	《财政部、国家税务总局关于调整含铅汽油消费税税率的通知》（财税字［1998］163 号）	自 1999 年 1 月 1 日起，对含铅汽油按 0.28 元/升的税率征收消费税；无铅汽油仍按 0.20 元/升的税率征收消费税
32	2004	《财政部、国家税务总局关于暂缓执行低污染排放小汽车减征消费税政策的通知》（财税［2004］142 号）	鉴于目前小汽车欧洲Ⅲ号排放标准正在制定中，符合欧洲Ⅲ号排放标准的车用油品质量尚未解决，经研究决定，《财政部 国家税务总局关于低污染排放小汽车减征消费税问题的通知》（财税［2003］266 号）规定的符合欧洲Ⅲ号排放标准的小汽车可以减征消费税的政策暂缓执行

续表

序号	年份	文件名称	相关内容
33	2006	《财政部、国家税务总局关于调整和完善消费税政策的通知》（财税［2006］33号）	新增高尔夫球及球具、高档手表、游艇、木制一次性筷子、实木地板税目。实行新的小汽车消费税税率，降低了部分小排量乘用车的税负，并提高了大排量乘用车的税负

附表5　价格政策

序号	年份	文件名称	相关内容
1	2006	《价格监督检查工作“十一五”指导意见》（国家发展改革委）	对今后五年价格监督检查工作进行了总体部署，提出11项重点工作任务，保障资源性产品价格改革顺利推进和促进环境保护价格政策全面落实是其中两项重要任务
2	1998	《城市供水价格管理办法》（计价格［1998］1810号，国家计委员、建设部）	对城市供水价格的确定和供水企业的净资产利润率作出了规定，制定了污水处理价格和供水定价方式的管理办法
3	1999	《关于贯彻城市供水价格管理办法有关问题的通知》（国家计委、建设部）	城市供水价格改革工作要贯彻积极稳妥的方针，对于实施《办法》中的难点问题，按照“先试点、后推开”的原则，有计划、有步骤地进行。1999年首先选择部分城市（试点城市名单附后）进行试点。试点城市要在省、自治区、直辖市价格主管部门、城市供水行政主管部门的指导下，结合水价调整，重点开展居民生活用水实行“阶梯式计量水价”和非居民生活用水实行“两部制水价”的试点工作。污水处理费应按《办法》的有关规定，随水费征收

续表

序号	年份	文件名称	相关内容
4	2000	《国务院关于加强城市供水节水和水污染防治工作的通知》(国发[2000] 36号)	要加快城市水价改革步伐，尽快理顺供水价格，逐步建立激励节约用水的科学、完善的水价机制。要提高地下水资源费征收标准，控制地下水开采量。地方各级人民政府特别是城市人民政府要根据国家有关规定，尽快制定本行政区域内的用水定额和城市水价调整方案，并结合本地区经济发展水平和水资源的供求情况，适时调整。在逐步提高水价的同时，可继续实行计划用水和定额管理，对超计划和超定额用水要实行累进加价收费制度；缺水城市，要实行高额累进加价制度。全国所有设市城市都要按照有关规定尽快开征污水处理费
5	2001	《关于改革农业用水价格有关问题的通知》(计价格[2001] 586号)	规范农业供水补偿机制，将农业供水各环节水价均纳入政府价格管理范围。因地制宜确定水价管理模式，加强对乡镇及以下供水环节的成本核定和水价管理。适当引入农业供水地区差价和季节差价。为促进水资源的合理分配和水利工程的稳定运行，应继续推广计量水价和容量水价相结合的两部制水价制度。充分考虑农民的支付能力，逐步将农业水价提高到供水成本水平。创造条件逐步实行超定额用水累进加价。健全水费征收和管理制度，降低农业供水成本，减轻农民水费负担
6	2002	《关于进一步推进城市供水价格改革工作的通知》(计价格[2002] 515号)	城市供水价格改革工作的重点，是建立合理的水价形成机制，促进水资源保护和合理利用。一是调整水价要与改革水价计价方式相结合。二是要针对不同城市的特点，实行季节性水价，以缓解城市供水的季节性矛盾。三是要合理确定回用水价格与自来水价格的比价关系，建立鼓励使用回用水替代自然水源和自来水的价格机制，加快城市污水处理和回用水设施建设。加大污水处理费征收力度，逐步提高水资源费征收标准

续表

序号	年份	文件名称	相关内容
7	2003	《水利工程供水价格管理办法》（国家发展改革委、水利部）	水利工程供水价格由供水生产成本、费用、利润和税金构成。水利工程供水价格采取统一政策、分级管理方式，区分不同情况实行政府指导价或政府定价。水利工程供水价格按供水对象分为农业用水价格和非农业用水价格。水利工程供水应逐步推行基本水价和计量水价相结合的两部制水价。各类用水均应实行定额管理，超定额用水实行累进加价
8	2004	《国务院办公厅关于推进水价改革促进节约用水保护水资源的通知》（国办发[2004]36号）	扩大水资源费征收范围并适当提高征收标准。逐步提高水利工程水价。合理调整城市供水价格。优先提高城市污水处理费征收标准。合理确定再生水价格。加快推进对居民生活用水实行阶梯式计量水价制度。完善农业水费计收办法
9	2006	《水利工程供水定价成本监审办法（试行）》（发改价格［2006］310号）	对水利工程定价成本作了具体规定
10	2006	《国家发展改革委办公厅关于征求对〈城市供水定价成本监审办法（试行）〉（征求意见稿）意见的函》（发改办价格［2006］2488号）	提出了城市供水定价成本由合理的制水成本、输配成本、期间费用构成，并明确了各种成本包括的内容

续表

序号	年份	文件名称	相关内容
11	2006	《取水许可和水资源费征收管理条例》（2006 年 1 月 24 日国务院第 123 次常务会议通过，自 2006 年 4 月 15 日起施行。）	明确凡是直接从江河、湖泊或者地下取水的单位和个人，都应当按照国务院规定，申请领取取水许可证，并向国家交纳水资源费
12	2005	《国家发展改革委关于改革天然气出厂价格形成机制及近期适当提高天然气出厂价格的通知》（发改价格［2005］2756 号）	近期改革天然气出厂价格形成机制的目标是：进一步规范价格管理；逐步提高价格水平，理顺与可替代能源的价格关系；建立与可替代能源价格挂钩和动态调整的机制。改革天然气出厂价格形成机制的主要内容：一是简化价格分类，规范价格管理。将目前各种天然气出厂价格归并为两档价格，川渝气田、长庆油田、青海油田、新疆各油田的全部天然气及大港、辽河、中原等油田计划内天然气执行一档气价格。除此以外的其他天然气执行二档价格。二是坚持市场取向，改变价格形式。将天然气出厂价格由政府定价、政府指导价并存，统一改为实行政府指导价，供需双方可以国家规定的出厂基准价为基础，在规定的浮动幅度内协商确定具体价格。三是理顺比价关系，建立挂钩机制。天然气出厂基准价格根据原油等可替代能源价格变化情况每年调整一次，相邻年度的调整幅度最大不超过 8%。四是逐步提高价格，实现价格并轨。将目前自销气出厂基准价格每千立方米 980 元作为二档气出厂基准价，在 3～5 年的时间内将一档气出厂基准价逐步调整到二档气出厂基准价水平

续表

序号	年份	文件名称	相关内容
13	2004	《关于建立煤电价格联动机制的意见的通知》（发改价格［2004］2909号）	明确了煤电联动计算方法、首次联动的计算基准、电价调整周期、销售电价与上网电价联动等重要问题
14	2006	《国家发展改革委关于做好2007年跨省区煤炭产运需衔接工作的通知》（发改运行［2006］2867号）	2007年将进一步改革跨省区煤炭产运需衔接工作，加快建立统一开放、竞争有序的现代煤炭市场体系。取消了煤炭价格双轨制。继续实施煤电价格联动政策
15	2007	《国家发展改革委、国家质检总局关于进一步加强煤炭质量管理工作的通知》（发改运行［2007］1955号）	继续推进煤炭价格形成机制改革，坚持和完善以质论价、优质优价、同质同价原则，加快建立完善反映市场供求关系和资源稀缺程度的煤炭价格形成机制，促进提高煤炭质量。煤矿企业、煤炭经营企业供应用户的煤炭必须做到质级相符、质价相符
16	2006	《国务院办公厅关于转发发改委等部门完善石油价格形成机制综合配套改革方案和有关意见的通知》（国办发［2006］16号）	适当提高国内成品油价格，并同步出台对部分弱势群体和公益性行业的补贴措施

续表

序号	年份	文件名称	相关内容
17	2005	《国家发展改革委关于印发电价改革实施办法的通知》（发改价格[2005] 514 号）	包括《上网电价管理暂行办法》《输配电价管理暂行办法》《销售电价管理暂行办法》三个文件
18	2006	《可再生能源发电价格和费用分摊管理试行办法》（发改价格［2006］7 号）	风力发电项目的上网电价将按招标形成的价格确定；太阳能、海洋能、地热能发电项目上网电价按照合理成本加合理利润的原则制定。生物质发电项目由国务院价格主管部门分地区制定标杆电价，或按照招标确定的价格执行；水电项目上网电价按现行办法执行。规定可再生能源发电项目上网电价高于当地燃煤机组标杆上网电价的部分等费用，通过向全国电力用户统一征收电价附加的方式解决
19	2007	《国家发展改革委关于降低小火电机组上网电价促进小火电机组关停工作的通知》（发改价格[2007] 703 号）	按规定降低小火电上网电价，鼓励小火电机组向高效率机组转让发电量指标
20	2004	《关于进一步落实差别电价及自备电厂收费政策有关问题的通知》（发改电［2004］159 号）	各地要按照国家产业政策的要求，对电解铝、铁合金、电石、烧碱、水泥、钢铁等 6 个高耗能行业区分淘汰类、限制类、允许和鼓励类企业试行差别电价。对允许和鼓励类企业，电价随各地工业电价统一调整；对限制类和淘汰类企业，电价在以上基础上再分别提高每千瓦时 2 分钱和 5 分钱。向企业自备电厂征收基金及附加的适用范围为：除国家鼓励发展的资源综合利用（利用余热、余压发电、煤矸石发电等）、热电联产自备电厂之外的自备电厂

续表

序号	年份	文件名称	相关内容
21	2005	《国家发展改革委关于继续实行差别电价政策有关问题的通知》（发改价格[2005]2254号）	差别电价的政策界限仍按《关于进一步落实差别电价及自备电厂收费政策有关问题的通知》（发改电[2004]159号）规定执行。目前我委正在研究制定《产业结构调整指导目录》（2005年本）（以下简称《目录》），待新的《目录》颁布后，按新的分类标准执行差别电价，具体规定届时将另行下达
22	2006	《国务院办公厅转发〈国家发展改革委关于完善差别电价政策的意见〉的通知》（国办发［2006］77号）	规定对电解铝、铁合金、电石、烧碱、水泥、钢铁、黄磷、锌冶炼8个高耗能行业实行差别电价政策，明确了对上述行业中淘汰类和限制类企业用电实行加价的时间和标准，同时规定各地一律不得自行对高耗能企业实行优惠电价，已经实行优惠电价的要立即停止执行
23	2007	《国家发展改革委 国家电监会关于对贯彻落实差别电价政策及禁止自行出台优惠电价等情况进行督查的通知》，（发改电［2007］129号）	对全国30个省（区、市，除西藏外）差别电价政策执行情况进行督查

续表

序号	年份	文件名称	相关内容
24	2007	《国家发展改革委、国家电监会关于坚决贯彻执行差别电价政策禁止自行出台优惠电价的通知》（发改价格［2007］773号）	规定对高耗能企业实行优惠电价措施的，应立即停止执行；必须贯彻落实差别电价政策。对于未贯彻落实差别电价政策或继续对高耗能企业实行优惠电价措施的，国家发展改革委和国家电监会将报请国务院通报批评，并追究有关负责人责任。对未贯彻执行差别电价政策或继续执行地方政府自行出台的优惠电价措施的电网企业，将依照《价格法》予以严肃查处，追究有关负责人责任，并相应降低该地区的输配电价水平
25	2007	《燃煤发电机组脱硫电价及脱硫设施运行管理办法（试行）》（发改价格［2007］1176号，国家发展改革委、国家环保总局）	从脱硫设施建设安装、在线监测、脱硫加价、运行监管、脱硫产业化等方面提出了全面、系统的措施。规定新（扩）建燃煤机组必须按照环保规定同步建设脱硫设施，其上网电量执行国家发展改革委公布的燃煤机组脱硫标杆上网电价；现有燃煤机组应按照国家发展改革委、国家环保总局印发的《现有燃煤电厂二氧化硫治理“十一五”规划》要求完成脱硫改造，其上网电量执行在现行上网电价基础上每千瓦时加价1.5分钱的脱硫加价政策；煤炭平均含硫量大于2%或者低于0.5%的省（区、市），脱硫加价标准可单独制定，具体标准由省级价格主管部门提出方案，报国家发展改革委审批
26	2005	《关于建立煤热价格联动机制的指导意见》（发改价格［2005］2200号）	当煤炭到厂价格变化超过10%后，相应调整热力出厂价格。热源生产企业要消化10%～30%的煤价上涨因素，具体消化比例由各省级价格主管部门根据本地区具体情况确定；当煤价下降时，按热源生产企业消化上涨因素的同等比例核减热价下调幅度。煤热价格联动将以不少于一年为一个联动周期。若周期内煤价变化达到或超过10%后，相应调整热价；如本周期内煤价变动未达到10%，则下一周期累计计算，直到累计变化幅度达到或超过10%，进行热价调整

续表

序号	年份	文件名称	相关内容
27	2007	《城市供热价格管理暂行办法》（发改价格［2007］1195号，国家发展改革委、建设部）	城市供热价格分为热力出厂价格、管网输送价格和热力销售价格。城市供热价格由供热成本、税金和利润构成，并实行分类热价。《办法》规定，城市供热价格原则上实行政府定价或政府指导价，由省、自治区、直辖市人民政府价格主管部门或者经授权的市、县人民政府制定。城市供热价格的制定和调整遵循合理补偿成本、促进节约用热、坚持公平负担的原则。利润按成本利润率不高于3%或者净资产收益率高于长期（5年以上）国债利率2～3个百分点核定。制定和调整居民供热价格应当举行听证会，调价方案要向社会公告。《办法》要求，热力生产企业与热力输送企业之间按热量计收热费。热力销售价格要逐步实行基本热价和计量热价相结合的两部制热价。新建建筑要同步安装热量计量和调控装置，既有建筑具备条件的应当进行改造，逐步实行按两部制热价计收热费
28	1999	《关于加大污水处理费的征收力度建立城市污水排放和集中处理良性运行机制的通知》（国家计委、建设部、国家环保总局）	对污水处理费的征收，标准的核定原则和权限以及处理费的使用等内容做了指导性的规定
29	2002	《关于推进城市污水、垃圾处理产业化发展的意见》（计投资［2002］1591号）	要求各级政府加强污水、垃圾处理费征收、使用的管理和监督

续表

序号	年份	文件名称	相关内容
30	2002	《关于实行城市生活垃圾处理收费制度，促进垃圾处理产业化的通知》（计价格[2002] 872 号）	要求各省、自治区、直辖市人民政府要全面推行生活垃圾处理收费制度，合理制定垃圾处理费标准，制定科学的计收办法
31	2003	《排污费征收管理使用条例》（2002 年 1 月 30 日国务院第 54 次常务会议通过，自 2003 年 7 月 1 日起执行）	将排污收费由原来的超标收费改为排污即收费和超标收费并行。按照污染要素的不同，将排污收费由原来的单因子收费改为多因子收费。根据收费体制的变化，强调排污费实行收支两条线、收缴分离，明确排污费必须纳入财政预算，列入环境保护专项资金进行管理，并加强审计监督。加大对排污费征收、使用中各种违法行为的处罚力度
32	2003	《排污费征收标准管理办法》（国家计委、财政部、国家环保总局、国家经贸委）	规定对排污者征收污水排污费、废气排污费、固体废物及危险废物排污费、噪声超标排污费，并制定了排污费征收标准及计算办法

附表6　投融资政策

序号	年份	文件名称	相关内容
1	1995	《中国人民银行关于贯彻信贷政策与加强环境保护工作有关问题的通知》（银行[1995]24号）	对没有执行建设项目环境影响报告书（表）审批制度的或环境保护部门不予批准的项目，金融部门一律不准贷款。对工矿企业为消除污染、治理“三废”开展的综合利用项目，符合信贷原则、具有还款能力的前提下，金融机构要予以积极贷款支持。未经环保部门批准、污染严重的小钢铁、小有色金属、小铁合金、小化工、小印染、小制革、小电镀、小炼油、小建材和小造纸等，各级金融机构不得发放贷款，并收回已发放的贷款
2	2007	中国人民银行发布《关于改进和加强节能环保领域金融服务的指导意见》（银发〔2007〕215号）	提出要有针对性地做好有关节能环保领域的金融服务工作，对《产业结构调整指导目录》（2005）中列出的鼓励类投资项目，要从简化贷款手续、完善金融服务的角度，积极给予信贷支持；对淘汰类项目，要从防范信贷风险的角度，停止各类形式的授信，并积极采取措施收回和保护已发放的贷款；对不列入鼓励类、限制类和淘汰类的允许类项目，在按照信贷原则提供信贷支持时，要充分考虑项目的资源节约和环境保护等因素
3	2007	国家环境保护总局、中国人民银行、中国银行业监督管理委员会联合发布《关于落实环保政策法规防范信贷风险的意见》（环发[2007]108号）	要求加强环保和信贷管理工作的协调配合，强化环境监督管理，严格信贷环保要求，促进污染减排，防范信贷风险

附表 7　技术政策

序号	年份	文件名称	相关内容
1	1999	《煤矸石综合利用技术政策要点》(国经贸资源［1999］1005号)	将煤矸石发电、煤矸石建材及制品、复垦回填以及煤矸石山无害化处理等大宗量利用煤矸石技术作为主攻方向，发展高科技含量、高附加值的煤矸石综合利用技术和产品
2	1999	《技术改造国产设备投资抵免企业所得税暂行办法》(财税字［1999］290 号)	其中包括环保设备和资源综合利用设备
3	2005	《中国节水技术政策大纲》(国家发展改革委、科技部、水利部、建设部、农业部)	着重阐述了我国目前至 2010 年间节水技术发展的方向，重点介绍了那些节水量大、应用面广的关键节水技术。不仅明确了近几年我国节水技术的核心是提高用水效率，“把节水放在突出位置”的精神，还提出了通过节水技术政策，力争在 2005～2010 年间实现工业用水量“微增长”，农业用水量“零增长”，城市人均综合用水量逐步下降的节水技术发展方向
4	2005	《国家鼓励发展的资源节约综合利用和环境保护技术目录》(国家发展改革委、科技部、国家环保总局)	公布了 206 项资源节约综合利用和环境保护技术

续表

序号	年份	文件名称	相关内容
5	2005	《国家中长期科学和技术发展规划纲要》(2006～2020)	节能、节水、加大综合治污与废弃物循环利用成为优先主题，例如，大力开发重污染行业清洁生产集成技术，强化废弃物减量化、资源化利用与安全处置，加强发展循环经济的共性技术研究
6	2006	《节能技术大纲》(国家发展改革委、科技部，1996年颁发、2006年修订)	以一九九六年版大纲为基础，充分考虑十年来节能技术发展状况，提出了重点研究、开发、示范和推广的重大节能技术，限制和淘汰的高耗能工艺、技术和设备。修订后的《大纲》包括：工业节能、建筑节能、交通节能、城市与民用节能、农业及农村节能、可再生能源利用和保障措施
7	2006	《汽车产品回收利用技术政策》(国家发展改革委、科技部、国家环保总局)	明确提出2010年起，我国汽车生产企业或进口汽车总代理商要负责回收处理其销售的汽车产品及其包装物品，也可委托相关机构、企业负责回收处理。并明确了废旧汽车及其零部件进口限制条件
8	2006	《国家重点行业清洁生产技术导向目录》[第一批(2000)、第二批(2003)和第三批(2006)，国家发展改革委、国家环保总局]	第一批目录涉及冶金、石化、化工、轻工和纺织5个重点行业，共57项清洁生产技术。第二批目录涉及冶金、机械、有色金属、石油和建材5个重点行业，共56项清洁生产技术。第三批目录涉及钢铁、有色金属、电力、煤炭、化工、建材、纺织等行业，共28项清洁生产技术

续表

序号	年份	文件名称	相关内容
9	2007	《国家发展改革委办公厅关于请组织实施循环经济高技术产业重大专项的通知》（发改办高技［2007］2289号）	决定在钢铁、有色、化工、建材、轻工五个行业组织实施循环经济高技术产业化专项
10	1999	《草浆造纸工业废水污染防治技术政策》（环发［1999］273号）	造纸企业在技术改造及污染治理过程中，应采用能耗小污染负荷排放量小的清洁生产工艺
11	2000	《城市生活垃圾处理及污染防治技术政策》（建城［2000］120号）	本技术政策适用于垃圾从收集、运输，到处置全过程的管理和技术选择应用，指导垃圾处理设施的规划、立项、设计、建设、运行和管理，引导相关产业的发展。对垃圾减量、垃圾综合利用、垃圾收集和运输、卫生填埋处理、焚烧处理、堆肥处理作了规定
12	2001	《印染行业废水污染防治技术政策》（环发［2001］118号）	鼓励印染企业采用清洁生产工艺和技术，严格控制其生产过程中的用水量、排水量和产污量，提出了节约用水工艺、减少污染物排放工艺、回收回用工艺
13	2001	《危险废物污染防治技术政策》（环发［2001］199号）	对危险废物的减量化、收集和运输、转移、资源化等作了规定

续表

序号	年份	文件名称	相关内容
14	2002	《燃煤二氧化硫排放污染防治技术政策》（环发［2002］26号）	对能源合理开发利用，煤炭生产、加工和应用，煤炭燃烧，燃气脱硫等各环节提出了预防二氧化硫产生、减少二氧化硫排放的技术政策
15	2003	《摩托车排放污染防治技术政策》（环发［2003］7号）	推荐了燃油摩托车发动机机内控制技术措施和摩托车发动机机外净化技术措施
16	2003	《柴油车排放污染防治技术政策》（环发［2003］10号）	国家鼓励发展低能耗、低污染、使用可靠的柴油车。提出了新生产柴油车及车用柴油机产品排放污染防治、在用柴油车排放污染防治的技术措施
17	2003	《废电池污染防治技术政策》（环发［2003］163号）	对废电池的分类、收集、运输、综合利用、储存和处理处置等全过程污染防治的技术选择作了相关规定
18	2005	《矿山生态环境保护与污染防治技术政策》（环发［2005］109号）	矿产资源的开发应推行循环经济的“污染物减量、资源再利用和循环利用”的技术原则，具体包括：（1）发展绿色开采技术，实现矿区生态环境无损或受损最小；（2）发展干法或节水的工艺技术，减少水的使用量；（3）发展无废或少废的工艺技术，最大限度地减少废弃物的产生；（4）矿山废物按照先提取有价金属、组分或利用能源，再选择用于建材或其他用途，最后进行无害化处理处置

续表

序号	年份	文件名称	相关内容
19	2006	《制革、毛皮工业污染防治技术政策》（环发［2006］38 号）	鼓励采用清洁生产工艺，使用无污染、少污染原料，采用节水工艺，逐步淘汰严重污染环境的落后工艺；彻底取缔 3 万标张皮（折牛皮，细毛皮企业规模应酌情考虑，按自然张计算，以下同）以下的小型制革企业，推行集中制革、污染集中治理；建设和完善污水处理设施，引导开展固体废物的资源综合利用

附表 8　消费政策

序号	年份	文件名称	相关内容
1	2005	《固体废物污染环境防治法》	第 7 条：国家鼓励单位和个人购买、使用再生产品和可重复利用产品
2	2007	《节能减排全民行动实施方案》（国家发展改革委等 17 个部委）	大力提倡重拎布袋子、菜篮子，自觉选购节能家电、节水器具和高效照明产品，减少待机能耗，拒绝过渡包装，使用无磷洗衣粉等
3	2004	《节能产品政府采购实施意见》（（财库［2004］185 号，财政部、国家发展和改革委员会）	要求政府机构用财政性资金进行采购的，应当优先采购节能产品，逐步淘汰低能效产品
4	2006	《节能产品政府采购清单》（财政部、国家发展改革委 2004 年制定，2005 年第一次调整，2006 第二次调整。）	是《节能产品政府采购实施意见》（财库［2004］185 号）的配套性文件

续表

序号	年份	文件名称	相关内容
5	2007	《关于建立政府强制采购节能产品制度的通知》(国办发[2007] 51号)	要求建立政府强制采购节能产品制度，在积极推进政府机构优先采购节能（包括节水）产品的基础上，选择部分节能效果显著、性能比较成熟的产品，予以强制采购

附表9　进出口政策

序号	年份	文件名称	相关内容
1	2004	财政部、国家税务总局发布《关于停止焦炭和炼焦煤出口退税的紧急通知》（财税明电［2004］3号）	规定对出口焦炭、炼焦煤停止出口退税
2	2005	国家发展改革委等七部委联合发布《关于做好控制高耗能、高污染、资源性产品出口有关配套措施的通知》（发改经贸［2005］1482号）	控制部分高耗能、高污染和资源性产品出口，停止部分高耗能产品出口退税的政策

续表

序号	年份	文件名称	相关内容
3	2006	《关于调整部分商品出口退税率和增补加工贸易禁止类目录的通知》(财税［2006］第 139 号)	取消煤炭、天然气、石蜡、沥青、硅、砷、石料材、有色金属及废料等产品的出口退税；钢材（142 个税号）出口退税率由 11％降至 8％；陶瓷、部分成品革和水泥、玻璃出口退税率分别由 13％降至 8％和 11％。；部分有色金属材料的出口退税率由 13％降至 5％、8％和 11％。将此前已经取消出口退税以及本次取消出口退税的商品列入加工贸易禁止类目录。对列入加工贸易禁止类目录的商品进口一律征收进口关税和进口环节税。禁止类目录的具体商品名称及税号由商务部会同有关部门另行发布
4	2006	《关于调整部分商品出口退税率有关问题的补充通知》(财税［2006］第 145 号)	对《关于调整部分商品出口退税率和增补加工贸易禁止类商品目录的通知》（财税［2006］139 号）下发以后各地反映的一些有关执行和附件中存在的问题进行了补充
5	2007	《关于调低部分商品出口退税率的通知》(财税［2007］90 号)	再次调整了部分高耗能产品的出口退税率，如部分钢铁制品（石油套管除外）出口退税率下调至 5％
6	2007	《关于调低部分商品出口退税率的补充通知》(财税［2007］97号)	明确了《关于调低部分商品出口退税率的通知》（财税［2007］90 号）中个别商品出口退税率以及长期对外承包工程合同项下的出口设备和建材的执行范围问题

续表

序号	年份	文件名称	相关内容
7	2007	《加工贸易禁止进出口商品目录》（商务部、海关总署、国家环境保护总局公告2007年第17号）	共有990种加工贸易类产品被列入禁止名单，木质一次性筷子等产品被首次禁止进口，重柴油、部分柴油、燃料油及重油等多种能源首次出现在禁止进出口名单
8	1997	《国务院关于调整进口设备税收政策的通知》	自1998年1月1日起，对符合《当前国家重点鼓励发展的产业、产品和技术目录》（1997年制定，2000年修订）的国内投资项目、符合《外商投资产业指导目录》（2002）鼓励类、限制乙类并转让技术的外商投资项目，在投资总额内进口的自用设备免征关税和进口环节增值税。另规定，内资项目《国内投资项目不予免税的进口商品目录》所列商品、外商投资企业《外商投资项目不予免税的进口商品目录》所列商品不享受该政策。其中包括资源综合利用和环境保护项目
9	2005	《国务院关于发布实施〈促进产业结构调整暂行规定〉的决定》（国发［2005］40号）	规定对依据《当前国家重点鼓励发展的产业、产品和技术目录（2000年修订）》执行的有关优惠政策，调整为依据《产业结构调整指导目录》（2005年）鼓励类目录执行。外商投资企业的设立及税收政策等执行国家有关外商投资的法律、行政法规规定。 《产业结构调整指导目录》（2005年）鼓励的项目包括“符合可持续发展战略要求，有利于安全生产，有利于资源节约和综合利用，有利于新能源和可再生能源开发利用、提高能源效率，有利于保护和改善生态环境”的项目

后　记

自参加工作五年以来，笔者一直围绕循环经济政策、体制机制问题进行研究工作。通过参加国家发展改革委有关司局、国家发展改革委宏观经济研究院的多项重大课题，及我所青年人才项目，笔者的研究能力得到了锻炼和提高，由工科背景出身的学生，逐渐转变为一名经济学工作者。

在整理、总结这些研究报告的基础上，形成了本书。在准备将本书出版之际，笔者几经犹豫，深感研究水平有限，研究报告不完善，权当是对自己近年来的研究成果进行阶段性总结。同时，笔者所在研究室正承担国家发展改革委环资司委托的“循环经济政策框架体系研究”课题。我相信，经过研究室成员的共同努力，我们对于循环经济政策体系的研究会更加成熟、完善，届时再与读者分享、交流有关研究成果。

本书的形成与我所“青年人才成长计划”项目密不可分，我要特别感谢单位领导对培养青年人才的重视与支持，感谢我的青年人才项目成长顾问杨春平主任对我的指导，感谢与我一起到全国各地参与调研的同事、老师对我的帮助，他们对本书有关观点的形成提供了宝贵意见与建议。

谢海燕

2010 年 3 月 20 日